개발자 행복지수 높이기 프로젝트

개발자, 나를 말하다

게임, 모바일, 웹, 시스템, DB 개발자의 진솔한 이야기

용영환 지음

지은이_**용영환**

행복한 삶을 꿈꾸며 글쓰기를 좋아하는 개발자다. '다르다는 것이 틀린 것은 아니다'라는 생각으로 다양한 사람들과 관계를 맺으며 많은 것을 보고 듣고 경험하려고 노력한다.

WWW.XENONIX.COM

개발자 행복지수 높이기 프로젝트 **개발자, 나를 말하다** 게임, 모바일, 웹, 시스템, DB 개발자의 진솔한 이야기

초판발행 2014년 2월 12일

지은이 용영환 / **펴낸이** 김태헌
펴낸곳 한빛미디어(주) / **주소** 서울시 마포구 양화로 7길 83 한빛미디어(주) IT출판부
전화 02-325-5544 / **팩스** 02-336-7124
등록 1999년 6월 24일 제10-1779호
ISBN 978-89-6848-701-9 13000 / **정가** 11,900원

책임편집 배용석 / **기획** 김병희 / **편집** 정지연, 안선화
디자인 표지 여동일, 내지 스튜디오 [밈], 조판 최송실
영업 김형진, 김진불, 조유미 / **마케팅** 박상용, 서은옥, 김옥현

이 책에 대한 의견이나 오탈자 및 잘못된 내용에 대한 수정 정보는 한빛미디어(주)의 홈페이지나 아래 이메일로 알려주십시오.
한빛미디어 홈페이지 www.hanbit.co.kr / **이메일** ask@hanbit.co.kr

Published by HANBIT Media, Inc. Printed in Korea
Copyright © 2014 용영환 & HANBIT Media, Inc.
이 책의 저작권은 용영환과 한빛미디어㈜에 있습니다.
저작권법에 의해 보호를 받는 저작물이므로 무단 복제 및 무단 전재를 금합니다.

지금 하지 않으면 할 수 없는 일이 있습니다.
책으로 펴내고 싶은 아이디어나 원고를 메일(ebookwriter@hanbit.co.kr)로 보내주세요.
한빛미디어(주)는 여러분의 소중한 경험과 지식을 기다리고 있습니다.

저자 서문

문득 '개발자가 만나는 개발자'라는 칼럼이 있으면 재미있겠다는 생각이 들었습니다. 뒤에서 묵묵히 소프트웨어를 만드는 개발자분들을 찾아 인터뷰하고, 공감할 만한 얘기들을 듣는 거예요.

2011년 5월 27일, 월간 《마이크로소프트웨어》 전도영 편집장님께 이메일을 보냈습니다.

며칠 후 편집장님께서 인터뷰 연재를 해보자며 제안을 받아들이셨고, 그렇게 '개발자가 만난 사람'이 시작됐습니다.

이 책은 약 2년에 걸쳐 월간 《마이크로소프트웨어》에 연재했던, 웹과 모바일, 게임, 시스템, DB 등 각 분야에서 묵묵히 대한민국 IT를 이끌어가는 우리네 소프트웨어 개발자들의 이야기를 엮은 것입니다.

제가 글을 쓰고 있는 지금 이 순간에도 개발자들은 최선을 다해 소스코드를 작성하고 있을 것입니다. 그들이 만드는 코드들이 이 세상을 움직이고 있지만, 정작 세상은 그들의 존재를 잘 느끼지 못합니다. 영화가 끝나고 나면 제작에 참여한 모든 사람의 이름이 화면을 거슬러 오릅니다. 관객은 그 이름들을 바라보며 영화를 되새기고, 감동의 여운을 마음속에 담습니다. 하지만 영화보다 더, 음악보다 더, 어쩌면 친구보다 더 우리와 많은 시간을 보내고 있는 소프트웨어에서 그러한 여운을 담아본 적이 있을까요?

소프트웨어는 영화나 음악과 같이 우리에게 감동을 주지는 않을 수 있습니다. 그러나 소프트웨어는 감동적인 영화나 즐거운 음악을 우리가 보고 들을 수 있게 해줍니다. 현재 우리가 당연하다고 생각하는 그 모든 과정은 전 세계 수많은 개발자의 노력이 있었기에 가능한 것입니다.

우리는 며칠을 기다려야만 받을 수 있었던 편지를 이메일로 몇 초 만에 받아 볼 수 있게 하고, 정보를 찾기 위해 굳이 도서관에 가지 않더라도 인터넷을 통해 몇 분 만에 찾아볼 수 있도록 한다. 개발자는 인류의 생명을 연장하는 사람들이다.

– 네이버 개발자 나해빈

이 책은 출근길 전철 안에서 실시간 뉴스를 보고, 메신저로 친구와 저녁 약속을 잡고, 나른한 시간에 온라인 쇼핑하는 것을 당연한 일로 만든 사람들의 이야기입니다.

저는 이 책을 통해 많은 분이 개발자의 존재를 조금이나마 느껴주시면 좋겠습니다. 그리고 IT 분야에서 일하고자 하는 분들이 더 많아지기를 진심으로 바랍니다.

'개발자가 만난 사람'이 지난 2년 동안 무사히 연재될 수 있게 도와주신 정희용 님과 전도영 님, 마소인터렉티브 식구들에게 고마움을 전합니다. 개발자들의 이야기가 더 널리 퍼져야 한다며 예쁘게 책으로 엮어주신 한빛미디어의 김창수 님, 김병희 님, 정지연 님께도 고맙습니다. 그리고 매월 인터뷰한다며 역마살 낀 듯 여기저기 돌아다니던 저를 이해해주고, 제 차세대 버전 '건강이'를 잉태해준 아내에게도 매우 고맙고 사랑한다는 말을 전합니다. 건강이가 저보다 더 똑똑하고 예쁘고 건강하게 세상에 나와주길 진심으로 바랍니다.

이 책을 읽는 모든 분 가정에 행복이 가득하기를 진심으로 바랍니다. 고맙습니다.

2014년 1월 **용영환**

추천사

벌써 10년쯤 지난 이야기네요. 월간 《마이크로소프트웨어》의 기자로 일하기 시작하며 개발자들을 처음 만나서 인터뷰하던 때의 두근거림이 아직도 생생합니다. 평범해 보이는 사람들이 자기 일과 기술에 대해 말하기 시작하면 두 눈이 반짝이고 몸에서 빛이 났습니다. 그런 개발자들이야말로 대한민국 IT를 이끄는 원동력이라고 확신하며, 저 또한 그들의 이야기를 세상에 전하는 일을 신 나게 즐기며 살았습니다.

하지만 개발자들의 노력과 열정으로 바뀌는 세상의 이야기를 담아내기에 기자의 귀와 입은 부족할 수밖에 없습니다. 어느 날, 서비스나 회사의 이야기가 아닌 개발자가 말하는 개발자들의 이야기를 담겠다는 용영환 님의 얘기에 무릎을 칠 수밖에 없었습니다. 개발자가 직접 나서서 취재할 개발자를 찾고, 긴 시간 서로의 인생과 열정을 공유하며 나눈 이야기들이 이제는 단행본으로 만들어져 더 많은 독자를 찾아갑니다.

언젠가 저도 꼭 만들고 싶던 책이 제가 참 좋아하는 분을 통해 세상에 선보이게 되어 더욱 감회가 새롭습니다.

이 책은 여러 명의 개발자를 통해 엮어진 우리들의 이야기 속에서 개발자로서의 '나'를 찾고, 내가 걸어야 할 길 속의 '나'를 발견하는 재미를 독자들에게 선사할 거라고 확신합니다.

정희용, 블루커뮤니케이션 대표이사(전 마소인터렉티브 대표이사)

소프트웨어는 컴퓨터뿐만 아니라 우리가 사용하는 모든 것에 들어 있습니다. 그리고 그 소프트웨어의 근원에는 수많은 소프트웨어 개발자가 존재합니다. 다양한 분야에서 이 모든 것들을 움직이게 하는 소프트웨어 개발자들의 생생한 이야기들이 현업 및 장래의 개발자들에게 미래를 위한 좋은 나침반이 되기를 바랍니다.

최준호, 씨디네트웍스 CTO

일러두기

『개발자, 나를 말하다』는 2011년 7월부터 2013년 12월까지 월간 《마이크로소프트웨어》에 연재한, '개발자가 만난 사람'을 모아 엮은 책입니다. 인터뷰 당시 내용이므로 일부 내용은 현재와 일치하지 않을 수 있습니다.

한빛 eBook 리얼타임

한빛 eBook 리얼타임은 IT 개발자를 위한 eBook 입니다.

요즘 IT 업계에는 하루가 멀다 하고 수많은 기술이 나타나고 사라져 갑니다. 인터넷을 아무리 뒤져도 조금이나마 정리된 정보를 찾는 것도 쉽지 않습니다. 또한 잘 정리되어 책으로 나오기까지는 오랜 시간이 걸립니다. 어떻게 하면 조금이라도 더 유용한 정보를 빠르게 얻을 수 있을까요? 어떻게 하면 남보다 조금 더 빨리 경험하고 습득한 지식을 공유하고 발전시켜 나갈 수 있을까요? 세상에는 수많은 종이책이 있습니다. 그리고 그 종이책을 그대로 옮긴 전자책도 많습니다. 전자책에는 전자책에 적합한 콘텐츠와 전자책의 특성을 살린 형식이 있다고 생각합니다.

한빛이 지금 생각하고 추구하는, 개발자를 위한 리얼타임 전자책은 이렇습니다.

1. eBook Only - 빠르게 변화하는 IT 기술에 대해 핵심적인 정보를 신속하게 제공합니다.

    500페이지 가까운 분량의 잘 정리된 도서(종이책)가 아니라, 핵심적인 내용을 빠르게 전달하기 위해 조금은 거칠지만 100페이지 내외의 전자책 전용으로 개발한 서비스입니다. 독자에게는 새로운 정보를 빨리 얻을 수 있는 기회가 되고, 자신이 먼저 경험한 지식과 정보를 책으로 펴내고 싶지만 너무 바빠서 엄두를 못 내시는 선배, 전문가, 고수분에게는 보다 쉽게 집필하실 기회가 되리라 생각합니다. 또한 새로운 정보와 지식을 빠르게 전달하기 위해 O'Reilly의 전자책 번역 서비스도 제공하고 있습니다.

2. 무료로 업데이트되는, 전자책 전용 서비스입니다.

    종이책으로는 기술의 변화 속도를 따라잡기가 쉽지 않습니다. 책이 일정한 분량 이상으로 집필되고 정리되어 나오는 동안 기술은 이미 변해 있습니다. 전자책으로 출간된 이후에도 버전 업을 통해 중요한 기술적 변화가 있거나, 저자(역자)와 독자가 소통하면서 보완되고 발전된 노하우가 정리되면 구매하신 분께 무료로 업데이트해 드립니다.

3. 독자의 편의를 위하여, DRM-Free로 제공합니다.

구매한 전자책을 다양한 IT기기에서 자유롭게 활용하실 수 있도록 DRM-Free PDF 포맷으로 제공합니다. 이는 독자 여러분과 한빛이 생각하고 추구하는 전자책을 만들어 나가기 위해, 독자 여러분이 언제 어디서 어떤 기기를 사용하시더라도 편리하게 전자책을 보실 수 있도록 하기 위함입니다.

4. 전자책 환경을 고려한 최적의 형태와 디자인에 담고자 노력했습니다.

종이책을 그대로 옮겨 놓아 가독성이 떨어지고 읽기 힘든 전자책이 아니라, 전자책의 환경에 가능한 최적화하여 쾌적한 경험을 드리고자 합니다. 링크 등의 기능을 적극적으로 이용할 수 있음은 물론이고 글자 크기나 행간, 여백 등을 전자책에 가장 최적화된 형태로 새롭게 디자인하였습니다.

앞으로도 독자 여러분의 충고에 귀 기울이며 지속해서 발전시켜 나가도록 하겠습니다.

지금 보시는 전자책에 소유권한을 표시한 문구가 없거나 타인의 소유권한을 표시한 문구가 있다면 위법하게 사용하고 계실 가능성이 높습니다. 이 경우 저작권법에 의해 불이익을 받으실 수 있습니다.

다양한 기기에 사용할 수 있습니다. 또한 한빛미디어 사이트에서 구입하신 후에는 횟수와 관계없이 내려받으실 수 있습니다.

한빛미디어 전자책은 인쇄, 검색, 복사하여 붙이기가 가능합니다.

전자책은 오탈자 교정이나 내용의 수정보완이 이뤄지면 업데이트 관련 공지를 이메일로 알려드리며, 구매하신 전자책의 수정본은 무료로 내려받으실 수 있습니다.

이런 특별한 권한은 한빛미디어 사이트에서 구입하신 독자에게만 제공되며, 다른 사람에게 양도나 이전되지 않습니다.

차례

PART 1 게임 1
1. 가상세계를 현실과 연결하는 게임 엔지니어_김대우 2
2. 유저를 이해하려는 게임 서버 개발자_구본재 8

PART 2 모바일 13
1. 늘 새로움에 도전하는 애플리케이션 개발자_신진욱 14
2. 생각을 모으는 구글 안드로이드 전문가_김용욱 21
3. 좋은 소프트웨어에 도전하는 iOS 개발자_허혁 27
4. 좋은 코드로 사람과 사람을 연결하는 모바일 개발자_서영욱 33
5. 최고의 그래픽스 텍스처 합성 기술자_이성호 38
6. 함께 일하는 것을 즐기는 모바일 개발자_홍성훈 43

PART 3 웹 48
1. 열정적으로 사람들과 소통하는 개발자 이철혁 49
2. 'Geek'이 되고 싶은 개발자_나해빈 55
3. 웹 서비스를 살아 움직이게 하는 Ajax 웹 개발자_김지한 63
4. 재미를 통해 열정을 만드는 웹 개발자_김성현 69

PART 4 시스템 75

1. e-Learning 시스템 전문가를 꿈꾸는_조연웅..76
2. 경험을 나누며 사는 시스템 엔지니어_김혁중..81
3. 내일의 빛을 만들고 싶은 오픈 소스 개발자_조현종..87
4. 세상의 문을 열게 하는 펌웨어 개발자_강동옥..92
5. 세상의 소식을 흐르게 하는 개발자_강수형..98
6. 오픈 소스를 통해 세상을 발전시키는 시스템 개발자_편용헌............................103
7. 자동화 시스템을 만드는 닷넷 개발자_송기수..109
8. 행복지수 상위 1% 개발자_이문수..114

PART 5 DB 120

1. 최고를 만들기 위해 우직하게 걸어가는 DBMS 개발자_전원희........................121
2. 최적의 코드 한 줄을 위해 끊임없이 연구하는 DBA_이성욱............................126

PART 1
게임

1

"개발을 재지 않는다"

**가상세계를 현실과
연결하는 게임 엔지니어
김대우**
(인터뷰_2012년 2월)

혼자서 게임 클라이언트부터 서버 시스템까지의 전체 영역을 아우를 수 있는 많은 경험과 실력을 갖춘 게임 개발자는 흔치 않을 것이다. 김대우 개발자가 바로 그런 사람이다. 더군다나 그는 대한민국 게임 개발의 변천을 직접 체험해온 큰형님이기도 하다. 마음의 평온을 위해 취미로 고양이 사진을 본다는 그는 게임을 만들 수만 있다면 그 어떤 고생도 마다치 않는 개발자이다.

프로필

클라이언트부터 서버 플랫폼까지 게임 개발의 전 분야를 아우르는 기술을 가진 베테랑 게임개발자다. 국내 최초의 '윈도 95'용 게임 개발을 시작으로 모바일과 온라인, 웹 게임 등을 개발했으며 NC소프트에서 〈리니지 이터널〉의 게임 플랫폼과 모바일 부분 개발을 담당했다. 현재는 펀팟게임스를 창업하여 다시 한 번 미래에 도전하고 있다.

게임을 개발을 시작하신 계기는 어떻게 되나요?

중학생 때 PC 통신을 통해 대학생 형을 알게 됐습니다. 제가 대학생이 되었을 때 그분이 게임 회사를 차렸다고 연락을 하셨죠. 그분 회사에 놀러 갔던 게 인연이 돼 본격적으로 게임 개발을 시작했습니다.

처음 만들었던 게임은 우리나라 최초의 윈도95용 게임인 〈대왕신전기〉입니다. 신라 문무대왕 시대를 배경으로 만파식적의 비밀을 찾는 RPG 형식의 패키지 게임이었죠. 문무대왕릉에 대한 이야기인 만큼 직접 경주로 답사를 가기도 했습니다. 게임을 만드는 과정 자체가 정말 재미있었죠. 1년 반 동안 개발해서 95년에 완성했는데, 불행히도 출시하지는 못했습니다. 잡지 광고까지 했지만 결국 유통회사를 못 찾은 탓이었죠. 그 회사에서 94년부터 99년까지 게임 세 개를 만들었는데 모두 다 출시하지 못했습니다. 게임을 만들다 돈이 떨어지면 FA(공장 자동화) 관련 일들을 수주해서 개발했습니다. 현대자동차, 대우자동차 등에서 사용하는 컨트롤러를 만들기도 했고, 제트엔진을 분석하는 소프트웨어 개발도 했습니다. 그렇게 해서 돈이 모이면 다시 게임을 만드는 식이었죠.

게임 서버 개발 언어는 무엇을 쓰나요?

어떤 게임 서버인지에 따라 다릅니다. 웹 게임은 대부분 자바로 개발하고 MMORPG Massively Multiplayer Online Role-Playing Game는 C++를 많이 쓰는 편입니다. 최근에는 C#에 대해 연구를 많이 하고 있습니다.

패키지 게임 시장의 흐름에 대해 말해주세요

패키지 게임 시장은 1990년대 중반까지만 해도 좋았습니다. 게임이 잘 팔리니 게임잡지들도 많이 생겼죠. KBS, MBC 등 메이저 방송사에서도 게임잡지를 만들 정도였고, 당시 그 수만 해도 17개나 됐습니다. 출판사들은 그 같은 경쟁 속에서 잡지를 좀 더 많이 팔기 위해 잡지부록으로 게임을 제공하기 시작했습니다. 게임 개발

회사 입장에서는 나쁘지 않았죠. 이미 판매가 거의 없다시피 한 고전게임을 번들로 제공하면서 적지 않은 돈을 벌 수 있었거든요. 하지만 시간이 지나면서 출시한 지 얼마 안 된 게임까지도 번들로 제공됐고 결국 게임 유저들이 패키지 게임을 사지 않게 되었습니다. 잡지를 사면 게임은 공짜로 준다는 인식이 생긴 것이죠. 게임이 안 팔리니 자금력이 부족한 회사는 폐업할 수밖에 없었고, 사정이 조금 나았던 회사들은 온라인 게임으로 전환했습니다.

그렇다면 패키지 게임과 온라인 게임의 차이는 무엇인가요?

기획적인 차이가 가장 큽니다. 패키지 게임은 혼자 하기 때문에 게임 그 자체만으로 독특한 효과를 충분히 보여줄 수 있습니다. 예를 들어 패키지 게임은 만화처럼 다소 왜곡된 정보를 담고 있더라도 괜찮습니다. 마법사나 괴물이 나와도 이용자들이 받아들이기 때문이죠. 그에 비해 온라인 게임은 이러한 요소들에 제한이 생깁니다. 많은 사람이 함께 즐기는 만큼 사람들 사이에 통용되는 선이 있는 것이죠. 즉, 패키지 게임은 온라인 게임보다 게임적 요소를 극대화할 수 있습니다.

그리고 온라인 게임은 유저들끼리 자유롭게 즐길 수 있도록 아이템이나 퀘스트, 기타 여러 가지 요소들을 지속적으로 추가합니다. 이것은 온라인 게임의 수명을 길게 늘리려는 방법이기도 합니다. 반면 패키지 게임은 유저가 게임의 시나리오에 따라 움직이도록 개발됩니다.

물론 게임을 개발할 때 현재 최고의 기술로, 가장 멋지게 만들어야 하는 건 기본적인 공통점입니다.

모바일 게임 엔진은 어떤 걸 쓰나요?

GPU Graphics Processing Unit가 개발되기 전에는 소프트웨어 방식의 렌더링 엔진을 사용했습니다. 당시에는 탁구 게임이나 3D 테트리스를 만드는 정도의 간단한 엔진이었지요. 게임 엔진이 CPU를 통해 구동되는 데다 화면이 작아서, 아무리 좋은 렌더러가 있어도 표현하는 데 한계가 있었죠. 그래서 저는 BREW$^{Binary Runtime Environment for Wireless}$로 프로토타입을 만들었고, 성능을 높이기 위해 직접 삼성에 가서 포팅^{porting}하는 작업도 했습니다.

패키지, 온라인, 모바일, 웹 게임은 어떤 방향으로 발전해나갈까요?

각각의 게임이 각자에게 맞는 역할을 할 것으로 생각합니다. 예를 들어 〈리니지〉 같은 게임이 스마트폰으로 나온다면 재미있을까요? 〈리니지〉 중 일부분의 소재가 외전 식으로 출시될 수는 있겠지만 똑같은 게임이 스마트폰으로 출시될 수는 없을 것입니다.

본인만의 개발 철학이 있다면 말해주세요

개발할 때 이것저것 재지 않는 것을 원칙으로 합니다. 개발하다 보면 개발 부서와 기획 부서 사이에 잡음이 일게 마련입니다. 기획하는 분들 입장에서는 실체가 보이지 않기 때문에 문제점을 파악하는 게 힘들 수 있죠. 하지만 개발자가 빠르게 대응을 하면 기획자도 자연스레 따라오게 돼 있습니다. 그래서 저는 프로젝트를 맡으면 일단 시작하고 봅니다. 기획이 다소 잘못됐다는 생각이 들더라도 일단은 개발을 진행하는 것이죠. 잘못됐다고 판단되는 부분은 다른 사람들도 그 점을 파악할 수 있도록 빨리 만들어서 보여줍니다. 이러한 방법을 '프로토타이핑^{prototyping}개발 방법'이라고 합니다. 물론 철저히 준비한 후에 개발을 시작하는 것도 좋은 방법이죠. 하지만 시작도 못 해보고 사라지는 좋은 프로젝트들이 있어서야 하겠습니까. 그런 경우를 보면 많이 아쉽습니다. 만들기도 전에 "안 돼!" 또는 "기획이 완벽해야 개발을 할 수 있어"라고 말하기보다는 해보고 결론을 내리는 게 더 낫지 않을까요.

특별한 취미가 있나요?

고양이 사진을 보면 마음이 평안해집니다. 그래서 시간이 빌 땐 주로 고양이 사진을 보죠.

개발 관련 책도 많이 읽으시나요?

제가 읽는 책의 99%는 전문서적입니다. 최근에 읽은 책은 토비 세가렌Toby Segaran과 제프 해머바커Jeff Hammerbacher가 공저한 『데이터의 미학Beautiful Data』(에이콘출판, 2013)입니다. 제가 이 책을 통해 느낀 것은 데이터를 바라보는 시점이 자신의 처지에 따라 다를 수 있다는 점입니다. 예를 들어, 위치 기반 서비스를 제공하시는 분들이 지도 데이터를 다루는 방법과 인공위성 만드는 분들이 한정된 데이터 전송량 안에서 사진 데이터를 다루는 방법은 각기 다르듯이 말입니다. 어떠한 것이 옛날 기술이고 신식 기술일까요? 결과적으로 각기 다른 개발자들이 적용하는 기술은 결국 각자의 시대와 상황 안에서 최선일 것입니다.

게임 개발자가 되려면 어떻게 해야 할까요?

일단 공부를 열심히 하는 게 중요합니다. 저는 게임을 '종합예술'이라고 생각합니다. 음악이나 그래픽 등이 프로그램과 융합되어 구동되는 것만 보아도 그렇죠. 이렇게 다양한 요소를 적절하게 섞어야 하는 분야는 사실 많지 않을 것입니다. 기술로 음악을 들어야 하고, 기술로 그래픽도 봐야 합니다. 예를 들어, 게임에 3D 사운드를 적용하려면 '도플러 효과(상대속도와 파동의 주파수 간의 관계)'가 무엇인지 알아야 개발을 할 수 있습니다. 그래픽 관련 기술은 훨씬 더 심오하고 어렵습니다.

우리 회사의 경우 직원을 뽑을 때 운영체제에 대한 지식이 있는지, 프로그래밍 언어의 특징들을 잘 알고 있는지, 자료 구조를 이해하고 있는지 등을 살펴봅니다. 또한, 업무 중 발생한 문제를 해결하는 데 가장 적절한 데이터 구조를 정하고 활용할 수 있는 소양을 갖췄는지 살핍니다.

개발자가 되고자 한다면, 자료구조나 운영체제론 등은 대학에서 배우는 내용을 충분히 자기 것으로 만들 필요가 있습니다. 샘플링이나 필터 등 신호 처리에 대한 기반 지식을 갖췄다면 더욱 좋겠죠.

게임 서버 개발자가 되고 싶은 분이라면 AI(인공지능) 관련 지식도 익혀두십시오. AI를 서버에서 구현하는 요즈음의 추세에 따라 경쟁력을 가질 수 있을 것입니다.

게임 개발자를 꿈꾸는 후배들에게 조언 한마디 부탁드립니다

저는 다른 게임을 똑같이 만들어봅니다. 한 장면이나 특정한 효과를 똑같이 따라 해보는 거죠. 한 가지 팁을 드리자면, 게임 포장에 개발에 관한 힌트가 많다는 점입니다. 라이선스 문제 때문에 어떤 기술을 사용하는지를 표기해야 하거든요. 제 경우, 만약 게임 타이틀에 이상한 표시나 모르는 명칭이 있으면 찾아봅니다. 그러면 어떤 엔진들을 사용해서 개발했는지 알 수 있습니다. 게임 엔진 업체의 웹사이트에 접속하면 어떤 기업에서 사용하고 있는지도 알 수 있죠. 게임 엔진 업체들 역시 서로가 경쟁합니다. 게임 엔진 가격들도 무척 비싸죠. 하지만 개발을 위한 SDK^{Software Development Kit}는 무료라서 누구나 개발할 수 있습니다. 나중에 수익이 났을 때 라이선스 비용을 내는 식입니다.

2

"개발은 소통을 통해 발전시키는 것이다"

유저를 이해하려는
게임 서버 개발자
구본재
(인터뷰_2013년 3월)

온라인 게임은 실시간으로 진행되기 때문에 게임 클라이언트뿐만 아니라 서버의 성능에도 큰 영향을 받는다. 또한 클라이언트와 서버 간에 오고 가는 데이터의 양이 엄청남에도 게임이 끊겨서는 안 된다. 게임 서버 개발자 구본재는 대용량 분산 시스템 개발 경험을 토대로 이를 실현하고 있다.

프로필

PC 게임의 클라이언트 개발자로 출발하여 하둡[Hadoop], 대용량 분산 시스템 등 클라우드 컴퓨팅 시스템을 개발했다. 현재 위메이드크리에이티브에서 게임 서버를 만들고 있다.

게임 개발을 시작하게 된 계기는 무엇인가요?

컴퓨터를 처음 접한 게 게임 때문이었습니다. 게임이 참 재미있었고 흥미를 느꼈죠. 그러다 보니 자연스럽게 직접 만들고 싶다는 생각까지 하게 됐습니다. 대학생 때는 병역특례로 게임회사에서 일하기도 했죠. 그때 '다이렉트엑스 8[DirectX 8]'을 이용해서 3D 게임 클라이언트를 개발했습니다. 대학 졸업 후에는 금융회사 전산실에서 'Pro C'로 오라클 DBMS[Database Management System]와 관련된 개발을 진행했습니다. 그 이후에는 클라우드 컴퓨팅 회사에 합류해서 시스템을 개발했습니다. 그러다 우리나라 소셜 네트워크 게임 시장이 시작되던 시기에 다시 게임 개발로 돌아왔죠. 최근에는 〈바이킹 아일랜드〉를 개발했습니다.

위메이드에서는 무슨 일을 하나요?

게임 서버상에서 웹 서버와 DBMS는 어떤 제품을 사용할 것이며, 망 구성은 어떻게 할지 등 전반적인 아키텍처를 설계하고 프로그래밍도 하고 있습니다.

클라우드 컴퓨터 회사에서도 일한 것으로 알고 있습니다. 그곳에서는 무슨 일을 했나요?

하둡 기반의 대용량 스토리지를 개발했습니다. CDN[Contents Delivery Network] 네트워크 인프라를 구축하기도 했죠. NoSQL 이나 VM[Virtual Machine] 기반의 솔루션에 대한 경험도 쌓았습니다. 지금 생각해보면 클라우드 컴퓨팅 회사에서 다양한 개발에 참여하며 일했던 경험이 현재 게임 서버를 개발하는 데 큰 도움이 되고 있습니다.

게임 서버 개발의 기술 흐름에 대해 설명해주세요

단연 화두는 NoSQL입니다. 최근 소셜 네트워크 기반의 게임이 많이 나오고 있는데 이러한 게임들은 기본적으로 데이터양이 매우 많습니다. 그래서 RDBMS[Relational Data Base Management System]로는 데이터를 처리하기 어려운 면이 있죠. 원래 게임 업계에서는 주로 MS-SQL을 사용했는데 소셜 네트워크 게임이 인기를 끌면서 NoSQL에 대한 관심이 커졌습니다.

게임 서버 개발자의 입장에서 볼 때, 우리가 게임에 빠져드는 이유는 무엇이라고 생각하나요?

공부를 열심히 한다고 해서 늘 성적이 잘 나오는 건 아닙니다. 반면 게임은 오래 하거나 열심히 하면 확실하게 보상을 받는 시스템입니다. 그 때문에 현실에서 얻지 못하는 여러 가지 만족감을 느낄 수 있죠. 또한, 가볍게 즐길 수 있어서 사고의 전환에도 도움이 됩니다. 물론 지나치게 게임에 빠져서 학생이 공부를 소홀히 하는 등 본분을 잊는 경우는 당연히 문제가 되겠죠. 하지만 저는 이렇게 되묻고 싶습니다. 학생들이 스트레스를 얼마나 많이 받으면 게임으로 도망을 칠까요. 마음이 안정되고 스트레스가 없다면 게임에 지나치게 빠져들지 않고 다양한 취미 활동을 하거나 친구들과 뛰어놀지 않을까 하고 말이죠.

모바일 게임에서의 통신 방법은 어떻게 되나요?

소셜 네트워크 게임은 보통 유저들 간의 데이터를 실시간으로 동기화할 필요가 없습니다. 그리고 모바일 환경의 특성상 소켓 방식으로 연결하면 클라이언트와 서버 간의 접속이 자주 끊깁니다. 당연히 데이터 송수신에 문제가 생길 수 있죠. 그래서 동기화의 장점을 포기하는 대신 안정된 HTTP를 쓰기도 합니다.

모바일 게임 개발 환경은 어떻게 변해왔나요?

초기 소셜 네트워크 게임은 많은 경우 웹이나 플래시 기반으로 만들었습니다. 그래서 제약이 많았죠. 요즘에는 iOS나 안드로이드의 네이티브 앱으로 만듭니다.

초기에는 사실 같은 게임을 두 가지 모바일 환경의 네이티브 앱으로 만드는 게 만

만치 않았습니다. 하지만 지금은 좋은 모바일 게임 엔진이 많아져서 훨씬 수월한 편입니다. 예를 들어 공통 코드 하나로 게임을 작성하면 두 환경에서 모두 구동되도록 할 수 있는 것입니다. 국내 업계에서는 대체로 유니티Unity, 코로나Corona, 코코스Cocos2d 등의 게임 엔진을 사용하고 있습니다. 최근엔 '에픽게임즈'가 모바일용 언리얼Unreal 엔진을 출시하면서 모바일 게임 시장에 뛰어들었습니다.

모바일 게임 시장이 어떻게 발전할 것이라고 보나요?

지금 인기를 끌고 있는 게임 대부분은 가벼운 캐주얼 게임입니다. 다시 말해서 게임을 즐기지 않는 비게이머들도 재미있게 할 수 있는 게임들이죠. 이제는 게이머를 위한 게임이 나올 시기가 아닐까 생각합니다. PC나 콘솔 게임기로 게임하던 게이머들도 즐길만한 모바일 게임이 개발되는 것입니다.

비게이머들이 스마트폰으로 게임을 하면서 자연스럽게 게이머가 됐다는 점은 특별한 부분이죠. 물론 이 점에 대해서는 의견이 엇갈립니다. 예를 들어 '비게이머는 영원히 비게이머일 것이므로 가벼운 게임의 시장은 계속 유지될 것'이라는 관점이 있습니다.

게임을 전혀 하지 않던 사람들도 이제는 게임을 하고 있다는 사실도 눈여겨볼 만하죠. 저희 어머니도 최근에 게임을 시작하셨습니다. 시장이 어떤 방향으로 흘러갈지는 아직 정확히 모르겠지만, 모바일 게임 시장이 계속 성장할 것임은 분명합니다.

기억에 남는 프로젝트가 있다면 말해주세요

클라우드 컴퓨팅 회사에서 CDN을 개발할 때였습니다. 그 당시 분산 파일 시스템에 부하가 높았죠. 해결 방안을 찾기 위해 고민을 하던 중, 문득 서버에서 구동되던 파일 시스템 계층을 클라이언트에서 구동하면 어떨까 하는 생각이 떠올랐습니다. 결국 많은 문제점을 해결했고 기능이나 성능도 훨씬 좋아졌죠. 시스템을 튜닝하는 것도 중요하지만, 전체 아키텍처를 어떻게 구성하느냐에 따라서도 성능 차이가 크게 날 수 있다는 걸 실감한 경험이었습니다.

개발자들에게 추천해주고 싶은 책이 있나요?

로버트 치알디니의 『설득의 심리학Influence』(21세기북스, 2002)을 재미있게 읽었습니다. 게임 회사도 수익을 내려면 결국 유저가 게임 속에서 무언가를 사야 합니다. 다시 말해, 결제에 대한 거부감이 없어야 하죠. 예를 들어 아이템 배치라든지 어느 타이밍에서 결제 팝업이 뜨게 하는지 등이 무척 큰 영향을 미칠 것입니다. 물론 기획자들이 더 많은 고민을 하겠지만, 우리 엔지니어들 역시 유저를 이해해야 더 성공하는 게임을 만들 수 있다고 생각합니다. 그래서 심리학 지식이 유저를 이해하는 데 도움이 될 것이라고 믿습니다.

개발자로서 개발 철학이 있다면 말해주세요

'빨리 만들자' 입니다. 제가 아무리 뛰어나더라도 기획이나 구현상의 모든 가능성을 미리 고려할 수는 없습니다. 하지만 일단 빨리 프로토타입을 만들어서 공개하면 피드백 또한 빨리 받을 수 있겠죠. 그러한 소통을 통해 프로그램을 점차로, 계속 발전시키는 것입니다. 실패하더라도 실패 비용을 줄일 수 있죠. 겉으로는 실패한 것처럼 보이겠지만, 그런 경험들이 쌓여서 결과적으로 더 좋은 프로그램을 만들 수 있다고 생각합니다.

PART 2
모바일

1

"나는 남을 도울 때 기쁨을 느낀다"

늘 새로움에 도전하는 애플리케이션 개발자
신진욱
(인터뷰_2012년 1월)

몇 개 국어를 자연스럽게 구사하는 사람들의 공통점은 자기 생각을 적극적으로 표현하려 한다는 것이다. 언어란 자기 생각을 표현하는 방법의 하나이기 때문에 결국 자기 생각을 적극적으로 표현하려 애쓰는 사람이 언어능력도 높을 것이다. 애플리케이션 개발자 신진욱은 어려서부터 아이디어가 떠오르면 다양한 프로그래밍 언어를 통해 표현해왔다. 그리고 그렇게 쌓여온 그의 경험은 그가 늘 새로움에 도전할 수 있게 해주는 원천이 되었다.

프로필
모바일 애플리케이션 분야에 오랜 경험과 기술을 갖춘 개발자다. '넥슨'의 모든 게임에 탑재되는 보안 솔루션을 개발하기도 했다. 현재 스쿱미디어 대표이자 개발자로서 국내 스마트폰 애플리케이션 분야의 최고를 향해 나아가고 있다.

컴퓨터 프로그래밍을 시작한 계기를 말해주세요

어렸을 때 피아노 학원에 다녔습니다. 어느 날 어머니께서 TV 다큐멘터리를 보시다 "빌 게이츠가 그렇게 돈을 많이 번다면서?"라고 말씀하셨죠. 그게 계기가 됐는지 몰라도 이내 컴퓨터 학원도 다니게 됐습니다. 컴퓨터 학원에서 GW-BASIC에 대해 배웠는데, GW-BASIC으로는 운영체제를 만들 수 없더군요. 그 사실을 접하고 C나 터보C 등을 공부했습니다. PC 통신에서도 활동을 많이 하면서 운영체제 개발에 관심을 키웠죠.

그러다 1995년, '비주얼 베이직 Visual Basic'을 접하면서 관심사가 바뀌었습니다. 비주얼 베이직은 지금까지 해왔던 것들을 무척 간단히 할 수 있도록 해주었습니다. 더군다나 빌 게이츠의 마이크로소프트에서 만든 것이니 더욱 좋았죠. 그 후로는 운영체제보다는 비주얼 베이직 같은 'RAD Rapid Application Development' 프로그램을 만들기 위해 노력했습니다. 그 외에 PC 통신 나우누리에서 비주얼 베이직 동호회 시솝(운영자)으로도 활동했습니다. 돈을 벌고자 하는 생각은 없었습니다. 고등학교 1학년 때 올림피아드 대회에서 수상하면서 다른 사람들의 일을 도와주기 시작했는데, 그런 식으로 계속 일을 도와주다 보니 자연스럽게 창업까지 하게 됐습니다.

창업했을 때 기억에 남는 일이 있나요?

대학에 진학한 후 1년 동안은 동아리 활동을 하며 거의 놀았습니다. 더는 컴퓨터 관련 일을 하지 않으려 했죠. 대신 글 쓰는 일을 하고 싶었습니다. 학생을 주 독자로 한 신문에 연재도 했고 기회가 될 때마다 사보 등에 기고했습니다. 글을 쓰기 위해서 다양한 새로운 지식을 습득해야 했는데 그러던 중 모바일 기술에 빠져들었습니다. 사실 모바일 기기에는 그전부터 관심이 많았고요. 특히 직접 가지고 다니면서 제가 만든 것이라며 보여줄 수 있다는 점이 매력적이었죠. 그래서 모바일 솔루션 업체들이 많이 생겨나던 2002년에 처음으로 창업을 했습니다. 하지만 잘 안됐죠.

그 후 보유하고 있던 모바일 기술을 기반으로 모바일 게임을 만들었습니다. 많은 사람이 현재 모바일 열풍이라고 말하지만 2002년 당시에도 모바일 열풍이었습니다. 모바일 게임 업체들만 해도 1,000개 넘게 생길 정도였으니까요. 저는 자체 게임을 비롯해 라이선스 게임으로 차별화를 시도했습니다. 혼자 여러 가지 분야의 일을 하는 걸 좋아해서 개발을 비롯해 음악과 그래픽 부분까지 모두 제가 다 했죠. 사실 많이 힘들었습니다.

넥슨에서는 무슨 일을 하셨나요?

게임 보안 솔루션을 개발했습니다. 안철수연구소나 잉카인터넷 같은 보안 솔루션 회사들은 금융 IT에 집중하고 게임 회사들이 자체적으로 보안 솔루션을 만들던 때였거든요. 게임 보안 프로그램은 게임을 할 때 가장 먼저 실행됩니다. 제가 만든 보안 프로그램은 넥슨의 모든 게임에 탑재됐습니다. 즉, 수천만 명이 제가 만든 프로그램을 사용한다는 의미였죠. 특히 제가 팀을 주도적으로 이끌었기 때문에 정말 최고의 경험이었습니다.

게임 보안 솔루션의 특징은 무엇인가요?

게임을 보호한다는 건 즉, 게임과 함께 실행된다는 의미입니다. 하지만 보안 프로그램이 게임에 방해가 되어서는 안 되죠. 예를 들어 FPS$^{First-Person\ Shooter}$와 같이 세밀하게 조준해야 하는 게임에서 보안 검사를 한다는 이유로 시스템이 느려지거나 끊기면 안 됩니다. 이처럼 수많은 게임에서 나오는 요구 사항들을 해결하는 게 쉽지는 않습니다. 저 역시 가장 고민했던 부분이죠.

모바일 애플리케이션 개발을 시작한 계기를 말해주세요

2001년에 시작한 모바일 개발 툴 사업의 기술력을 기반으로 모바일 게임을 만들었습니다. VoIP$^{Voice\ over\ Internet\ Protocol}$ 관련 개발과 넥슨의 보안 솔루션도 진행했죠.

그 후에 프리랜서로 일하다가 모바일 교육 사업을 시작했습니다. 당시 가장 저렴한 아이폰 앱이 0.99달러였는데 얼마나 팔릴지도, 국내에서 아이폰이 성공할지도 모르는 상태였습니다. 당시만 해도 아이폰 애플리케이션을 개발할 수 있는 업체는 손에 꼽을 정도였죠. 그래서 개발 수주를 굉장히 많이 했습니다. 1년 반 동안 법무부와 국세청, 미래에셋, 하나대투증권, 신세계 등 20여 개 업체를 맡았죠. 다행히 어려서부터 외주 개발을 해왔던 터라, 사업적인 면과 개발적인 면에서 조금은 수월하게 일할 수 있었습니다.

윈도폰 애플리케이션 개발은 어떻게 진행하고 있는지요?

아이폰과 안드로이드폰이 국내에 나왔을 때 예상보다 반응이 매우 좋았습니다. 윈도폰의 성패에 대해서는 글쎄요…… 아직은 잘 모르겠습니다. 다만, 우리는 아이폰과 안드로이드폰이 국내에 출시되기 전부터 미리 준비를 했었고, 지금은 윈도폰에 대해 준비하고 있다는 정도로 말씀드릴 수 있겠네요.

윈도 모바일 애플리케이션의 특징은 무엇인가요?

안드로이드폰의 가장 큰 특징은 '뒤로가기Back 버튼'이 하드웨어적으로 장착되어 있다는 점입니다. 반면 아이폰의 경우, 화면에서 UI적으로 뒤로가기 버튼을 구현해야 하죠. 아이폰용 애플리케이션에서 뒤로가기 버튼만 화면에서 제거한 후 그대로 안드로이드용으로 만들어도 어색하지 않았습니다. 이처럼 아이폰과 안드로이드폰의 UI가 거의 유사하다면, 윈도폰은 완전히 다릅니다. 그래서 우리는 윈도폰의 디자인 철학을 유지하면서도 다른 모바일 기기와 조화를 이루고, 한글을 가장 아름답게 표현하는 방법을 찾기 위해 다양한 시도를 하고 있습니다.

개발 과정에서 기억에 남는 에피소드가 있나요?

사실 저희는 아이폰에 선제적으로 대응하지 못했습니다. 대신 국내에 안드로이드가 곧 출시될 것이라 예상하고 미국에서 직접 단말기를 사서 애플리케이션 개발을 완료했죠. 그런데 국내에 안드로이드폰 출시가 늦어졌습니다. 출시 시기 때문에 고민하던 찰나, 삼성이 '갤럭시 A'와 '갤럭시 S'를 출시했죠. 반응은 과히 폭발적이었습니다.

기억에 남는 프로젝트를 말해주세요

저는 남을 도울 때 기쁨을 느낍니다. '직업'이란 게 남을 도와주는 것에서부터 시작됐다는 말에 무척 공감하는 편이죠. 그래서 저는 남을 도와주면 남들에게 인정받고 자연스레 돈도 벌게 된다고 생각합니다. 저의 이런 생각과 관련하여 넥슨에서 주도적으로 프로젝트를 진행했을 때가 가장 기억에 남습니다. 여러 게임 개발팀에서는 게임 만드는 일에만 집중하고 저는 그 사람들이 안 해도 되는 일, 가령 보안 프로그램처럼 게임을 구성하는 데 꼭 필요하지만 다른 사람은 할 수 없는 전문적인 일을 맡아서 했습니다. 제가 만든 프로그램이 모든 게임에서 공통적으로 사용됐기 때문에 책임감도 컸고 그만큼 보람도 컸습니다.

본인에게 영향을 준 개발자가 있나요?

중학생 때 저는 혼자서 타자 연습 게임 만드는 데 골몰하고 있었습니다. 그러던 어느 날 〈신의 손〉이라는 게임이 공개됐습니다. 〈신의 손〉은 중학생이었던 제가 만들 수 있는 수준을 뛰어넘은 게임이었죠. 특히 개발자 혼자서 그 게임을 만들었다는 사실이 충격적이었습니다. 저는 잠을 이루지 못했습니다. '나도 혼자서 좋은 프로그램을 만들 수 있는 사람이 되겠어!'라고 다짐했죠.

그리고 요즘 많은 사람이 〈어썸노트〉라는 모바일 앱을 사용하죠? 그것 역시 개발자 한 사람이 혼자서 개발했다고 합니다. UI 디자인과 사용자 편의성이 좋고, 세부적인 요구사항도 잘 담아내고 있어서 '와, 이런 사람이 또 있구나' 하며 감탄했습니다. 그런데 알고 보니 〈어썸노트〉 개발자가 바로 〈신의 손〉을 만든 백승찬 씨였죠.

최근에는 그분이 P2P^{peer-to-peer network} 프로그램 〈프루나〉도 만드셨다는 걸 알게 됐습니다. 다시 한 번 굉장히 충격을 받았죠. 개발자 생활을 하며 만난 사람 중 단연 그분이 제게 영향을 많이 주었다고 생각합니다.

개발자들에게 추천해주고 싶은 책이 있나요?

개발자들이 보기에 좋은 책으로는 우선 랜달 하이드^{Randall Hyde}의 『GREAT CODE』(에이콘출판, 2005)를 추천합니다. 시스템이 어떻게 프로그램을 실행하는지를 자세히 알려주는 책입니다. 저는 이 책이 막연한 대학교재보다 더 좋다고 생각합니다. 최근에 읽은 재미있었던 책은 손호성 작가의 『악당의 명언』(스펙트럼북스, 2011)입니다. 저자가 3년간 SNS에 남긴 글들을 모은 것인데, 악당이 이야기하듯이 현실의 정곡을 찌르는 듯한 내용을 담고 있습니다.

다양한 프로그램 언어를 사용하며 느낀 점이 있나요?

저는 RAD 개발 도구를 개발하는 데 관심을 가지면서 컴파일러 이론 등을 공부했습니다. 그러면서 자연스럽게 프로그래밍 언어들이 비슷하다고 생각하게 됐습니다. C#을 예로 들어 볼까요. C#은 오프젝트 파스칼^{Object Pascal}과 델파이^{Delphi} 등을 만든 앤더스 헤즐스버그^{Anders Hejlsberg}가 마이크로소프트로 이적해서 만든 것입니다. 그래서 C# 언어 자체는 자바와 비슷하지만, Visual Studio는 델파이와 비슷해졌죠.

또 하나, 프로그래밍 언어마다 장점으로 여길만한 특징이 있다는 점도 알게 됐죠. 그런 특징들은 함부로 쓰면 안 된다고 생각합니다. 어느 한 언어의 특징으로 그 언어가 가진 철학이나 탄생 이유를 알 수 있지만, 여러 사람이 함께 개발하는 프로젝트에서는 그 특징이 문젯거리가 될 수도 있습니다. 예를 들어, 코드 작성자가 아닌 사람들은 소스코드를 이해하지 못하거나 이해하는 데 시간이 오래 걸릴 수 있다는 점이지요. 그러니 만약 언어의 특징을 실제 업무에서 사용하고자 한다면 최대한 풀어서 쓰는 게 좋다고 생각합니다. 물론 새로운 프로그래밍 언어가 개발되면, 직접 사용해봄으로써 특징들을 파악해두는 연구 활동을 게을리해서는 안 되겠죠.

개발자로서 개발 철학이 있다면 말해주세요

개발자는 '쉽게 풀어야 한다'고 생각합니다. 지금은 혼자 작업하는 시대가 아닙니다. 예를 들어 수학 문제를 풀 때 복잡한 수학 기호를 쓰면 답이 아주 짧게 축소되어 나오지만 이해하기는 어렵습니다. 프로그래머는 그렇게 함축된 기호를 더 많은 사람이 알 수 있도록 쉽게 풀어서 소통해야 합니다. 제 경우 프로그래밍을 주제로 발표할 때 초등학생 앞에서 이야기한다는 생각으로 소통하고, 코드를 작성할 때는 모든 동료가 이해할 수 있도록 쉽게 작성하려고 노력하는 편입니다.

"프로그램을 만든 사람의 의도나 철학을 이해하려고 노력한다"

김용욱은 국산 안드로이드 태블릿 PC와 안드로이드 기반의 자동차 내비게이션 등을 개발하면서 자연스레 하드웨어부터 최상단 애플리케이션 계층에 이르기까지 넓고 깊게 이해하게 되었다고 했다. 그는 안드로이드가 왜 그렇게 동작하는지 설명해 준 첫 번째 사람이다.

생각을 모으는
구글 안드로이드 전문가
김용욱
(인터뷰_2013년 2월)

프로필

국내 단 2명뿐인 GDE^{Google Developers Expert} 중 한 사람이다. 팅크웨어에서 안드로이드 기반의 애플리케이션, 엔진, 플랫폼 등을 개발했다. 현재 GDG 코리아 안드로이드를 이끌고 있으며, 레이지비 CTO로 근무하고 있다.

Google Developers Expert와 Google Developer Group에 대해 설명 부탁드립니다

GDE는 구글에서 운영하는 전문가 그룹입니다. 마이크로소프트 MVP$^{\text{Most Valuable Professional}}$와 비슷하다고 생각하면 됩니다. 전 세계적으로는 2012년에 시작했으며 안드로이드, 크롬, 구글 앱 엔진, 지도 등 기술별로 구분되어 있습니다. 한국에는 저를 포함한 단 두 명의 GDE가 있는데, 저는 안드로이드 GDE입니다.

GDG$^{\text{Google Developer Group}}$는 구글 관련 기술을 좋아하는 개발자를 지원하는 프로그램입니다. GDG 사이트를 찾아가보면 알겠지만 전 세계적으로 수많은 GDG가 활동하고 있죠. GDG를 개설하기 위해서는 인큐베이팅 과정을 거쳐 구글의 승인을 받아야 합니다.

어떻게 GDE가 되셨는지요?

이전부터 서피스플링거$^{\text{Surface Flinger}}$나 안드로이드 플랫폼에 관심이 많았고 관련 내용을 블로그에 올리기도 했습니다. 그리고 안드로이드 기술에 관심 있는 사람들과 함께 정기 모임을 하기도 했습니다. 이런 활동을 좋게 평가해주었던 것 같습니다.

안드로이드 개발을 시작한 계기는 무엇인가요?

2009년에 '유비벨록스'라는 모바일 솔루션 회사에 입사했습니다. 그곳에서 위피$^{\text{WIPI, Wireless Internet Platform for Interoperability}}$ 관련 소프트웨어와 해외용 iOS 애플리케이션을 만들었지요. 당시는 iOS가 2.0 버전에서 3.0 버전으로 넘어가던 시기였는데, API$^{\text{Application Programming Interface}}$가 거의 다 바뀌어서 앱을 돌릴 수 없을 정도였습니다. 이런 변화는 안드로이드 4.0 아이스크림샌드위치^{ICS}의 변화와 비슷했던 것 같습니다. 하지만 국내에는 아직 아이폰이 출시되기 전이었기 때문에 iOS 개발자들 대부분은 이러한 사실을 체감하지 못한 듯합니다.

그러다 KT가 마침내 아이폰을 출시하기 시작했고 SK텔레콤은 이에 맞서 삼성과 함께 안드로이드 제품을 적극적으로 출시했죠. 같은 시기에 우리 회사도 이동통신 사들과 함께 앱스토어 같은 플랫폼을 개발했습니다. 당시 '일루미너스Illumines'라는 태블릿도 직접 개발했는데, 이 프로젝트의 파일럿 단계에서부터 참여했습니다.

이런 기회들이 모두 큰 계기가 됐던 것 같습니다. '위피'라는 피처폰feature phone의 막차를 타고 iOS, 안드로이드 등 모바일 기술의 변화를 모두 경험할 수 있었던 것입니다. 개인적으로는 무척 다행이고 또 행운이었죠.

피처폰에서 스마트폰으로의 변화 과정에서 눈에 띌 만한 부분이 있을까요?

최근 몇 년 동안 꽤 많은 변화가 있었습니다. 아마 지금은 위피를 사용하는 곳도 없을 것입니다. 위피는 표준 C/C++ 환경에서 동작하지 않습니다. ARM에서 제공하는 구형 버전의 컴파일러를 사용했고, 메모리 할당memory allocation을 추가로 지정해야 하는 등 많은 부분 달랐죠. 그리고 위피는 정해진 시간 내에 리턴return 값이 없으면 하드웨어적으로 초기화시키도록 설계되어 있었습니다. 그럴 때 사용자는 프로그램이 다운됐다고 느낄 수밖에 없죠. API도 논-블로킹non-blocking으로 호출해서 콜백callback을 통해 작업해야 했기 때문에 개발하기가 아주 힘들었습니다. 지금은 GCCGNU Compiler Collection나 LLVMLow Level Virtual Machine을 사용하니, 엄청난 발전을 했다고 볼 수 있지요.

안드로이드 허니컴에 대해 설명 부탁드립니다

안드로이드는 4.0 ICS 이후부터 허니컴에 가까워졌다고 봅니다. 그 이유는 핵심적인 코드와 API가 허니컴과 비슷하기 때문입니다. 그러나 허니컴은 태블릿 전용인 데다 하드웨어적으로도 한계점이 많았습니다. 예를 들어, 허니컴 태블릿에는 엔비디아nVIDIA의 테그라2Tegra2가 사용됐습니다. 그런데 허니컴 태블릿으로 게임을 하면 프레임률frame rate이 갤럭시탭보다 더 낮았습니다. 허니컴 태블릿의 CPU

와 GPU의 성능이 다른 안드로이드폰이나 갤럭시탭보다 더 좋았음에도 그런 문제가 나타난 이유는 두 가지였습니다. 첫 번째, 10.1인치 태블릿은 표현해야 할 픽셀 수가 훨씬 많습니다. 더 많은 공간을 채워야 하는데 GPU가 그만큼 강하지 못했죠. 두 번째, 듀얼코어를 썼다고는 하지만 버스 인터페이스Bus Interface의 성능이 넥서스 원Nexus One 수준으로 낮았습니다. 큰 화면을 장착한 태블릿이라는 걸 고려했을 때 제대로 된 성능을 내기에는 부족했죠. 반면, 아이패드는 신모델을 출시할 때마다 GPU 성능을 높였습니다.

안드로이드 젤리빈의 주목할만한 변화는 무엇인가요?

가장 큰 변화는 '더블 버퍼double buffer'에서 '트리플 버퍼triple buffer'로 바뀌었다는 점입니다. 그림을 화면상에 보이게 하려면 프레임 버퍼frame buffer에 그려야 하죠. 그런데 프레임 버퍼에 직접 그리면, 마치 손으로 그리듯 그래픽이 출력되는 과정 모두가 드러납니다. 그래서 백 버퍼back buffer에 그림을 그리고, 그 내용을 프레임 버퍼에 순식간에 복사하죠. 이게 바로 '더블 버퍼링double buffering'입니다. 하지만 버퍼링 타이밍이 맞지 않을 경우 화면이 깨지는 현상이 나타날 수 있습니다. 이 문제를 보완하고자 VSync를 사용하는데, 때에 따라 프레임 수가 1/n 로 떨어질 수 있는 게 단점입니다. 이 문제를 해결하기 위해 젤리빈에서는 트리플 버퍼로써 성능을 높인 것이죠.

또 다른 큰 변화는 입력 이벤트 처리를 동시에 할 수 있다는 점입니다. 초기 안드로이드는 입력 이벤트를 일괄batch로 처리했습니다. 이는 선택의 문제로, 여러 인터페이스를 통해 입력이 동시에 들어오는 경우라면 일괄로 처리하는 게 더 효율적입니다. 하지만 반응이 느려질 수 있죠. 젤리빈부터는 실시간으로 처리하여 터치 반응성이 훨씬 좋아졌습니다.

가장 기억에 남는 프로젝트를 소개해주세요

내비게이션을 개발한 프로젝트였습니다. 안드로이드에서 3D를 쓸 수 있게 하는 뷰view로 'GLSurfaceview'라는 게 있습니다. 이것은 한 번에 하나만 띄울 수 있죠. 객체 인스턴스는 여러 개를 만들 수 있으나 여러 개를 동시에 띄웠을 때 결과가 보장되지 않기 때문에 한 번에 하나만 띄워야 합니다. 그 때문인지 GLSurfaceview는 전체 화면을 쓰도록 유도하죠. 아마도 안드로이드에서 3D 그래픽이 여러 분야에 사용될 거라고 예상하지 못했거나, 거의 전체 화면을 사용하는 게임 분야에서만 사용할 거라고 생각한 것 같습니다.

하지만 내비게이션은 게임과 달리 여러 개의 3D UI가 빠르게 전환되어야 합니다. 예를 들어 음악 앨범 목록을 보고 있다가 지도 화면을 보여줘야 한다거나, 지도 화면을 보다가 다른 3D 화면으로 전환할 때 GLSurfaceview의 문제점이 드러납니다. 그래서 엔진을 직접 만들었습니다.

커뮤니티 활동을 하고 직접 운영도 하는데, 개발자 커뮤니티의 역할에 대해 어떻게 생각하시는지 말해주세요

우리나라에서는 루비Ruby 같은 언어가 나오지 못했지만, 일본에서는 나왔죠. 일본 내에 스몰토크smalltalk를 연구하는 사람들이 많았기 때문에 가능한 일이었습니다. 이처럼 커뮤니티는 유행에 휩쓸리지 않고 자기 분야의 본질을 이해하고 기술을 연구해야 합니다. 그리고 커뮤니티는 '생각을 모으는 활동'을 해야 한다고 생각합니다. 제가 운영하는 'GDG Android Korea' 역시 그런 역할을 하는 커뮤티니로 만들고 싶습니다. 물론 저 자신도 그런 기술자가 되고 싶고요.

개발자들에게 추천하고 싶은 책이 있나요?

앨런 홀럽Allan Hollub이 쓴 『실전코드로 배우는 실용주의 디자인 패턴Holub on Patterns』

(사이텍미디어, 2006)를 추천하고 싶습니다. 큰 논쟁거리가 될 만한 책인데 의외로 논쟁이 없어서 흥미로웠죠. 앨런 홀럽은 일부 디자인 패턴에 대해 부정적으로 생각했습니다. 그가 그렇게 주장하는 건 그만한 이유가 있기 때문일 것입니다. 여러분도 한번 읽어보시고 그의 주장을 살펴보세요. 나와는 다른 생각도 충분히 가치 있고, 나와 생각이 다르더라도 같은 주제로 이야기할만한 사람이 있다는 사실이 중요하다는 걸 깨닫게 될 것입니다.

개발자로서 철학이 있다면 말해주세요

어떤 플랫폼이나 운영체제, 라이브러리든 그것들에는 분명 만든 사람이 추구했던 이상과 철학이 담겨 있을 것입니다. 저는 만든 사람의 의도나 철학을 이해하려고 노력합니다. 그걸 이해해야 저 또한 더 좋은 제품을 만들 수 있다고 생각하거든요. 만든 이의 의도를 이해하지 않으면 자칫 문제점만 보기 쉽습니다.

"자신이 해야 한다는 고집, 자신만이 할 수 있다는 자만이 자신을 외톨이로 만든다"

기술이 복잡해지고 세분될수록 한 사람이 모든 기술을 다루기 힘들어진다. 시간이 흐를수록 협업은 개발에 있어 더 중요시될 것이며, 협업이 얼마나 잘 되느냐에 따라 소프트웨어의 품질도 달라질 것이다. 하지만 쉽지 않은 길이다. 그러므로 좋은 소프트웨어를 함께 만들기 위해서는 만드는 사람과 사용하는 사람, 개발자와 기획자의 생각 차이를 잘 이해하고 적극적으로 소통해야 한다.

좋은 소프트웨어에
도전하는 iOS 개발자
허혁
(인터뷰_2013년 6월)

프로필

OSGi Open Service Gateway Initiative 기반의 홈 오토메이션 home automation 셋톱 박스 set top box 개발에 참여했으며, 2007년 NHN에 공채로 입사하여 포토갤러리, 미투데이, 밴드 등을 만든 개발자다. 현재 캠프 모바일에서 밴드 아이폰 앱 개발 리더를 맡고 있다.

홈 오토메이션이란 무엇인지 설명 부탁드립니다

셋톱 박스를 통해 전등이나 냉장고 같은 집 안의 가전제품을 제어하는 기술입니다. 이러한 홈 오토메이션은 소프트웨어적으로 동작하는데, 제가 개발한 셋톱 박스의 경우 임베디드 리눅스에 자바 가상 머신Java Virtual Machine이 구동됩니다. 그 위로 OSGi 플랫폼과 애플리케이션 계층이 있습니다. 오래전에는 일반적으로 전용 단말기를 사용했었죠. 이와 달리 우리는 TV와 연결하는 셋톱 박스로 만들었습니다. 애플리케이션 업데이트를 수월하게 할 수 있다는 것이 OSGi 플랫폼의 가장 큰 장점입니다.

전력선을 이용한 제어 방법에 대해 설명해주세요

냉장고와 같이 복잡한 기능을 갖춘 가전제품은 내부에 전력선 통신 프로토콜을 탑재하고 있습니다. 전등처럼 켜고 끄기만 하는 단순한 가전제품의 경우에는 전력선 통신을 지원하는 콘센트를 사용하죠. 대표적인 통신 프로토콜에는 'LonWorks' 프로토콜이 있습니다.

iOS 앱을 개발하면서 어려웠던 점은 없었나요?

iOS는 샌드 박스 구조입니다. 그래서 애플리케이션에 버그가 발생하더라도 시스템에 영향을 주지 않는다는 점이 편하죠. 반면 모바일 네트워크 환경을 고려하는 건 까다롭습니다. 가령, 사용자는 일반적으로 3G나 LTE 같은 이동통신 네트워크로써 인터넷에 연결합니다. 그래서 사진이나 여러 가지 데이터를 내려받는 도중 네트워크가 끊어지거나, 재연결이 될 때까지 시간이 오래 걸리는 등 다양한 예외 상황을 고려하는 게 까다로웠죠. 덧붙여 근본적으로 iOS의 컬렉션에 문제가 있다고 생각합니다. 컬렉션에는 NIL을 입력할 수 없고, NULL만 입력할 수 있습니다. 즉, 프로그램을 NIL 기준으로 작성한다면 버그가 발생할 수밖에 없는 구조입니다.

또 하나를 말해보자면 동적 바인딩Dynamic Binding과 동적 타이핑Dynamic Typing 문제를 꼽을 수 있습니다. 컴파일할 때는 잘못된 객체 할당이나 메소드 호출에 대한 오류를 미리 알 수 없습니다. 그래서 동작 중에 예상하지 못한 객체가 할당되면 앱은 종료되죠. 그럴 때 'try-catch'를 통해서 예외 처리를 하면 손쉽게 우회 방법을 동작시킬 수 있을 텐데요. 그러나 애플은 공식적으로 애플리케이션에서는 try-catch 예외 처리를 사용하지 않기를 권장합니다. try-catch 예외 처리는 시스템적인 문제를 해결하기 위한 것이라는 게 그들의 입장이죠.

예외 처리를 못 하면 어떤 문제가 발생하나요?

예를 들어 iOS 6에서 새로 추가된 클래스나 메소드라면 당연히 하위 버전 iOS에는 그와 관련된 추가된 기능 역시 없겠죠. 만약 iOS 6에 맞춰 앱을 개발하면 그보다 낮은 버전의 기기에서는 앱이 제대로 동작하지 못할 것입니다. "아직 iOS 4.3 쓰는데 앱이 멈춰요"라는 식의 고객 문의가 들어오는 이유가 바로 이 때문입니다.

저는 애플 개발자 행사인 '애플 세계 개발자 콘퍼런스WWDC'의 테크 토크Tech Talks에 참가하여 이 문제에 대해 애플 에반젤리스트Evangelist에게 직접 물어보기도 했습니다. 그는 "호출할 수 있는지 확인하고 호출해야 한다"라고 대답했습니다. 즉, try-catch를 쓸 수 있다면 일단 원하는 메소드를 호출하고, 예외가 발생했을 때 대체할 메소드를 호출하거나 다른 방법으로 처리하면 되는 것이죠. 하지만 iOS에서는 매번 제가 사용할 API가 존재하는지를 신경 쓰면서 개발을 해야 합니다. 물론 처리하는 기법이 있긴 하지만 객체가 직접 메시지를 받을 때 확인해야 하다 보니 까다로울 수밖에 없죠.

하위 버전 자동 바인딩 실험 중이시라고요?

이 문제를 접하고 나서 Objective-C를 좀 더 깊게 공부했습니다. 그러다 좋은 방법이 있다는 사실을 알게 됐죠. 그 가능성을 실험해보고 싶어서 'iOS-Compatibility'라는 오픈 소스 프로젝트를 시작했습니다. 간단히 말해, 상위 버전 API로 애플리케이션을 개발했더라도 구동 중 필요한 경우 하위 버전 구현체로 자동으로 바꿔서 동작하게 하는 오픈 소스입니다. 아직은 실험 단계라서 완벽하진 않지만, 앞으로 계속 발전시킬 계획입니다.

오픈 소스를 좋아하는 이유가 있나요?

저부터가 오픈 소스를 통해 프로그래밍을 접했고, 다른 사람의 소스코드를 보는 것도 좋아합니다. 지금 만들고 있는 밴드 앱에도 오픈 소스가 많이 사용되고 있습니다. 물론 라이선스 문제는 모두 해결된 상태죠. 오픈 소스 프로젝트들은 아무래도 범용적인 걸 고려해서 만들기 때문인데 앱 용량이 다소 늘어날 수는 있지만, 그 외에 단점은 없는 것 같습니다. 그래서 다른 개발자들에게도 오픈 소스 활용을 권장하는 편입니다.

물론 오픈 소스 도입을 반대하는 개발자분들도 적지 않습니다. "왜 오픈 소스를 써야 하는가?", "오픈 소스를 누가 검증했는가?", "나에게 시간을 주면 직접 만들겠다" 등등의 의견도 듣지요. 누구나 시간이 주어지면 만들 수 있습니다. 하지만 만약 직접 만든 경우에도 결과물에 대한 검증을 거쳐야 한다면, 차라리 이미 만들어져 있는 오픈 소스를 검증하는 게 개발 시간을 아끼는 방법이 아닐까요.

오픈 소스 중 제품에 넣기에는 만족스럽지 않은 경우도 물론 많습니다. 그렇다고 해도 자신이 직접 개발해야 하는 부분을 정확히 파악하고, 그 외의 부분을 오픈 소스로 채워 넣는다면 여러모로 좋은 결과를 얻을 수 있다고 생각합니다. 그렇게 제품을 출시한 후에 오픈 소스로 부분을 직접 작성한 코드로 바꿔나가도 되지 않을까요.

Git을 오랫동안 사용하신 것으로 알고 있습니다. 그에 대해 설명해주세요

Git을 처음 접했을 때는 왜 분산인지 잘 이해되지 않았습니다. 사내 소스 저장소로 도입해서 사용하다 보니 제가 작성 중인 코드로 인해 다른 사람이 영향을 받지 않아도 된다는 걸 알게 됐죠. 그 후로 Git을 적극적으로 사용하고 있습니다. 또한, Git은 개발에 대한 기록과 공유가 분리되어 있기 때문에 커밋Commit할 때 작성하는 기록들이 모여 푸시Push할 하나의 개발 문서가 됩니다.

Git용 GUI 클라이언트로는 'SourceTree'를 추천합니다. '아틀라시안'에서 만든 무료 소프트웨어인데 커밋트리도 잘 보여줄 뿐만 아니라 정말 잘 만든 Git 클라이언트입니다. 최근에는 윈도용 SourceTree도 공개됐습니다.

개발자들에게 추천하고 싶은 책이 있나요?

제럴드 M 와인버그Gerald M. Weinberg의 『Quality Software Management』(Dorset House, 1991)를 추천합니다. 예전에 저는 개발을 하며 TDDTest-Driven Development를 거의 완벽하게 실천했습니다. 2년 동안 진행한 프로젝트에서 버그가 5개 이내일 정도로 품질이 좋다고 자부하고 있었죠. 그러다 이 책을 읽고는 충격을 받았습니다.

첫 번째로 저를 놀라게 한 것은 논리에 대한 이야기였습니다. 저는 제가 프로그래머이기 때문에 논리적이라고 생각했습니다. 그런데 이 책은 제가 생각한 수준을 뛰어넘는 논리에 관해 이야기했죠. 두 번째로 소프트웨어 품질에 대한 이야기가 저를 놀라게 했습니다. 소프트웨어의 품질이란 무엇일까요? 이 책에서는 사용자에게 이로움을 주는, 다시 말해서 사용자가 만족하는 소프트웨어가 바로 품질 좋은 소프트웨어라고 말합니다. 우리는 그동안 소프트웨어 품질을 말할 때 코드가 깔끔하거나 다양한 개발방법론을 얼마나 잘 적용했는지로 따졌습니다. 하지만 그건 즉 개발자 자신들의 만족일 뿐입니다. 정작 사용자는 그런 품질에 관심이 없죠. 이 책을 통해 지금까지 제가 개발한 서비스와 소프트웨어를 되돌아보니, 사용자 만족 측면에서의 품질은 전혀 좋지 않았습니다. 코드에 치중한 나머지 사용자를 생각하지 못했던 것입니다.

미래의 동료에게 하고 싶은 말이 있다면 한마디 부탁드립니다

협업을 하다 보면 고집 피우는 사람들을 만나게 마련입니다. 각자 맘에 안 드는 점이 있을 때 열린 마음으로 함께 바꿔가면 좋을 텐데, 자신이 좋아하는 것만 고집하고 타협하지 않으려는 경우도 많죠. 하지만 지금은 옛날처럼 소프트웨어를 혼자, 또는 소수의 몇몇이 만드는 시대가 아닙니다. 이제는 많은 사람이 같이 만들어가는 시대인 만큼, 다른 사람을 배려하고 소통하며 함께 발전해가고자 하는 자세가 필요한 것 같습니다. 꼭 자기가 해야 한다는 고집, 자신만이 할 수 있다는 자만이 자신을 외톨이로 만든다는 점을 늘 생각했으면 합니다.

개발자로서 철학이 있다면 말해주세요

한동안 개발을 할 때 기획자가 원하는 건 모두 들어줬습니다. 그러다 문득 기획자들이 원하는 걸 모두 만족하게 하면 사용자 측면에서도 '품질'이 좋아지는지 궁금했습니다. 실제로 해보니 그렇지 못하더군요. 더군다나 소프트웨어를 만드는 우리 개발자들은 이용자가 만족하는지에 관심 가지지 않는다는 걸 알았습니다. 예를 들어 새로운 기능을 추가하고 나면 이용자의 의견을 귀담아들으면서 품질을 확인해야 하는데 개발자들은 그런 활동을 전혀 하지 않죠. 의견을 듣는다고 해도 그저 주변 지인에게 살짝 물어보는 정도일 뿐이었습니다.

이를 바탕으로 제가 내린 결론은 다음과 같습니다. 기획자들의 만족도가 곧 이용자의 만족도를 의미하는 건 아니라는 것, 그리고 개발자도 이용자의 만족도를 높이기 위해 의견을 적극적으로 표현해야 한다고 말입니다. 한 가지 분명한 것은 저 역시 소프트웨어 품질을 높여야 한다는 목표를 위해 앞으로도 여러 가지 시도를 해야 한다는 점입니다. 물론 쉽지는 않겠지만, 그러기에 더욱 가치가 있다고 믿습니다.

4

"일정이나 돈, 그 외 여러 걱정을 떨쳐버리고 개발 자체의 즐거움에 빠지려 노력한다"

국내에 마니아층이 있을 정도로 반응이 뜨거웠던 'SKY' 휴대 전화를 기억할 것이다. 모바일 개발자 서영욱은 'SKY'의 주요 개발자였다. 지금은 피처폰에서 스마트폰 시대로 발전했지만, 휴대 전화의 기본 아키텍처를 잘 이해하고 있는 그는 스마트폰 개발에서도 뛰어난 역량을 발휘하고 있다.

좋은 코드로
사람과 사람을 연결하는
모바일 개발자
서영욱
(인터뷰_2012년 6월)

프로필

SK텔레텍과 SK텔레시스에서 휴대 전화 소프트웨어를 개발했으며 NHN 검색팀에서 일한 경험도 있다. 현재 매드스마트에서 모바일 메신저 〈틱톡tictoc〉을 만들고 있다.

대학원에서는 재미있는 연구를 하셨다고요?

물고기를 이용해 수질오염 정도를 자동으로 관측하는 방법을 연구했습니다. 어항에 송사리를 넣어 두고 카메라로 촬영을 진행해서 물고기들의 움직임을 분석했죠. 처음에는 한 마리로 실험하다가 차츰 송사리 수를 늘렸는데 송사리의 특징은 떼로 뭉쳐서 움직인다는 점입니다. 그래서 카메라도 여러 대로 늘려서 송사리의 움직임을 3차원으로 추적했죠. 만약 물에 오염물질이 유입되면 물고기의 활동성이 달라질 것이고, 그 현상을 분석해서 오염 여부를 판단하는 것입니다.

휴대 전화 제조사에서는 정확히 무슨 일을 하셨는지요?

대학원을 마친 후 SK텔레텍에서 'SKY'라는 브랜드로 잘 알려진 휴대 전화의 SMS 소프트웨어를 만들었습니다. 그리고 SKY의 적외선 통신 부분도 개발했습니다. SK텔레시스에서는 WIPI 애플리케이션 포팅Porting을 했습니다. 좀 더 자세히 설명해드리자면, 국내 휴대 전화에는 WIPI라는 플랫폼 계층이 있습니다. 이 WIPI 플랫폼 위에서 응용 프로그램이 구동되죠. 제가 했던 포팅이 바로 응용 프로그램과 WIPI, 가장 아래 계층인 퀄컴 OS를 연결하는 작업입니다.

피처폰의 개발 환경에 대해 설명해주세요

피처폰의 응용 프로그램은 C로 개발합니다. 휴대 전화에는 퀄컴 칩이 사용되는데, 그 안에 리얼타임 운영체제인 '퀄컴 OS'가 들어 있습니다. 우리 개발자들은 퀄컴 OS 기반에서 각 이동통신사에 맞게끔 응용 프로그램을 개발합니다. 그런데 퀄컴 OS에서는 응용 프로그램을 예쁘게 잘 만들기가 쉽지 않습니다. SKY에는 그래서 자체 플랫폼이 있었죠. 퀄컴 OS 위에 플랫폼 계층을 하나 더 만드는 것입니다. 아마 다른 휴대 전화 제조사들도 비슷하게 만들 것입니다. 하지만 초창기 휴대 전화를 만들 때는 그런 플랫폼이 없었습니다. SKY가 인기를 끌 수 있었던 이유 중 하나는 바로 이 플랫폼의 완성도가 높았기 때문이라고 생각합니다. 그 당시 국내 휴대 전화 제조사 중 플랫폼 부분에서만큼은 최고가 아니었나 합니다.

안드로이드와 피처폰 개발의 차이점은 무엇인가요?

안드로이드는 UI와 소스코드가 분리되어 있고, UI 구성의 자유도 역시 높습니다. 반면 피처폰은 UI를 C 코드로 직접 작성해서 그려야 합니다. 당연히 직관적으로 눈에 보이지 않기 때문에 쉽지 않죠. 퀄컴 OS 위에 플랫폼을 만드는 것도 어려운 일이라 다양한 개발 도구가 없습니다. 예를 들어서 안드로이드는 UI 부분을 XML 형식으로 분리해 개발하기 때문에 쉽게 변경할 수 있지만, 피처폰의 경우 UI를 바꾸려면 C 소스코드를 변경하고 다시 컴파일해야 하죠. 이런 작업에 익숙해지면 C 소스코드만 보고도 화면을 머릿속에 그릴 수 있게 됩니다.

모바일 시장의 급속한 변화에 관해서 이야기해주세요

최근 3년 동안 피처폰에서 스마트폰으로 급속히 이동했습니다. 저는 이미 몇 년 전에 휴대 전화 시장이 모두 스마트폰으로 이동할 거라고 예상했습니다. PC의 경우, 하드웨어를 산 후 소프트웨어는 제일 잘 만드는 회사의 것을 따로 사서 설치합니다. 스마트폰으로 발전하면서 휴대 전화 시장 역시 그렇게 될 거라고 생각했죠. 휴대 전화 제조사는 하드웨어만 만들고 응용 프로그램은 제일 잘 만드는 소프트웨어 업체의 제품을 사용하는 것입니다. 이전의 피처폰은 하드웨어 제조사가 응용 프로그램까지 만들기 때문에 품질을 높이는 데 한계가 있었습니다. 예를 들어 피처폰에 들어가는 SMS, 알람 시계, 달력 등 기본 애플리케이션은 하드웨어 제조사가 만듭니다. 휴대 전화 사용자는 그 응용 프로그램들이 좋아서가 아니라 그것밖에 없어서 사용했던 것이죠.

앱Application 다운로드 방식 부분에서 재미있는 사실을 말씀드리자면, 사실 애플보다 우리나라에서 더 먼저 활용됐다는 점입니다. 피처폰은 아주 오래전부터 게임 같은 응용 프로그램을 다운로드해서 사용해왔습니다. 하지만 우리나라는 시장 자체가 폐쇄적이었다는 점이 다르죠. 진작 모바일 플랫폼을 많은 개발자에게 공개하고 수익을 공유했다면 SK텔레콤이나 KT, LG유플러스 등 국내 이동통신사들이 세계적인 모바일 플랫폼 회사가 됐을지도 모릅니다. 너무 움켜쥐려 하다가 더 큰 걸 놓쳤다는 생각이 듭니다.

개발자들에게 추천하고 싶은 책이 있나요?

데이비드 토머스David Thomas와 앤드류 헌트Andrew Hunt가 공저한 『실용주의 프로그래머The Pragmatic Programmer』(인사이트, 2007)와 로버트 C 마틴Robert C. Martin의 『완벽한 코드 작성을 위한 클린 코드Clean Code: A Handbook of Agile Software Craftsmanship』(케이앤피 IT, 2010)를 추천합니다. 『실용주의 프로그래머』는 너무나 당연한 이야기인 듯하지만 우리가 논리적으로 잘 표현하지 못해왔던 것들을 잘 정리해줍니다. 『완벽한 코드 작성을 위한 클린 코드』는 어떻게 하면 깨끗한 코드를 작성할 수 있는지를 실제 코드와 함께 세세한 부분까지 알려줍니다. 저 역시 좋은 코드를 작성하려고 노력하는 편인데, 그런 면에서 이 책은 저에게 큰 도움이 됐습니다.

본인만의 개발 철학이 있다면 말해주세요

개발자가 신나서 개발하는 것과 일정에 쫓겨서 '일'을 해야만 하는 건 느낌부터 완전히 다릅니다. 만약 맞춰야 하는 일정이 없다면 개발 자체를 즐길 수 있고, 개발자가 신나서 개발을 하는 만큼 더 훨씬 좋은 코드를 더 빨리 만들 수 있겠지요. 물론 협업을 비롯한 여러 가지 이유 때문에 현실적으로 쉬운 일은 아닙니다. 그럼에도 불구하고 개발자는 늘 그런 마음가짐으로 일정에 대한 부담에서 벗어날 필요가 있다고 봅니다.

일정에 대한 부담은 장인 정신에도 영향을 미칩니다. 예를 들어 1시간 동안 작업하면 80점짜리 코드를 작성할 수 있고, 하루를 작업하면 100점짜리 코드를 작성할 수 있다면 무엇을 선택하겠습니까? 저는 100점짜리 코드를 선택하려고 노력합니다.

80점짜리 코드를 선택하면 당장은 시간이 적게 걸리는 듯하겠죠. 하지만 나머지

20점에 해당하는 부분에 버그가 존재할 수 있고 이후 남은 20점을 채우고자 할 때 훨씬 많은 노력과 시간이 소요될 수 있습니다. 낮은 품질은 부메랑이 되어 돌아오기 마련이며, 그럴 땐 회사 차원에서도 비용이 더 드는 민감한 문제입니다. 다른 측면에서 생각해보면, 개발에 들어가는 100%의 비용 중 유지 보수 비용이 80%를 차지한다고 합니다. 그 80%의 유지 보수 비용은 우리가 80점짜리 프로그램을 만들고 있기 때문에 발생하는 게 아닐까요. 80점짜리 제품이 시장에서 살아남기란 쉽지 않습니다. 더군다나 요즘처럼 100점짜리 무료 애플리케이션이 많은 시기에는 더욱 성공하기 어렵죠. 프로그램 전체가 100점이 되긴 힘들겠지만 핵심 기능이나 모듈만큼은 100점짜리가 돼야 합니다.

그러므로 개발자라면 장인 정신으로 즐기면서 개발해야 하며, 그러기 위해서는 일정에서 벗어날 필요가 있습니다. 저는 일정이나 돈, 여러 걱정 등을 떨쳐버리고 개발 자체의 즐거움에 빠지려고 노력합니다.

미래의 IT 시장을 어떻게 전망하십니까

모바일 메신저가 큰 힘을 발휘할 것 같습니다. 현재 국내 인터넷 분야에서는 NHN이 가장 성공한 회사라고 할 수 있습니다. 그런데 그동안 웹에서 느끼지 못했던 편리함을 메신저가 제공하기 시작했습니다. 메신저 서비스는 이용자가 원하는 정보를 더 편리하고 보다 적극적으로 제공할 수 있습니다. 예를 들어서 가수 '동방신기'를 좋아하는 이용자에게는 동방신기와 관련된 기사와 사진, 음악 등을 자동으로 보낼 수 있습니다. 이용자는 정보를 얻기 위해 웹 브라우저를 켤 필요가 없죠. 물론 이렇게 되면 메신저 서비스가 점점 무거워지겠지만 그만큼 이용자들과 연결하는 더 큰 통로 역할을 하게 될 것입니다. 이용자들은 지금도 '편한' 방법으로 정보에 접근하고 있는데, 메신저처럼 '더 편한' 방법에 익숙해지면 그전까지 사용했던 '편한' 방법이 '불편하게' 느껴질 것입니다. 그래서 가까운 미래에는 메신저 분야에서 성공한 IT 회사가 나올 거라고 생각합니다.

"작가주의 개발자가 더 인정받고 더 크게 성공할 수 있으리라 생각한다"

그는 아무리 사소한 것일지라도 개발자가 만든 프로그램이 세상에 큰 영향을 미친다는 점을 잊지 않는다. 그래서 개발자들은 새로운 생각을 갖고 그야말로 '작품'을 만들 수 있는 사람이 되어야 하며, 자신의 사상을 프로그램에 녹일 줄 아는 작가주의 개발자가 더 인정받고 더 크게 성공할 거라고 믿는다. 그 역시 그런 프로그래머가 되기를 꿈꾼다.

최고의 그래픽스 텍스처 합성 기술자
이성호
(인터뷰_2013년 1월)

프로필

국내 최초로 그래픽스 텍스처 합성 관련 박사학위를 받은 최고의 기술자이다. 2013년에 그의 논문이 Eurographics 2013 논문집에 실렸으며, 한국컴퓨터그래픽스학회에서 2013 신진연구자상을 수상했다. 현재 온스퀘어를 창업하여 인터넷 서비스를 개발하고 있으며, 재미있고 창의적인 일을 찾아 다양한 분야에서 경험을 쌓고 있다.

그래픽스란 무엇인지 설명 부탁드립니다

그래픽스graphics는 컴퓨터를 통해 이미지를 연산하는 모든 것을 말합니다. 즉, 사진이나 영화, 애니메이션 등 컴퓨터를 통해 시각적으로 보이게 하는 모든 것이지요. 예를 들어 영화를 볼 때 건물에서 불이 난다거나 우주선이 날아다니는 장면을 만들어내는 것도 그래픽스 영역입니다.

그래픽스 분야를 연구하게 된 특별한 계기가 있었나요?

초등학교 5학년 때 〈닥터할로Dr. Halo〉라는 그래픽 프로그램을 접했습니다. 그 프로그램 때문에 그래픽 프로그램을 만들고 싶다는 꿈이 생겼고 대학원에서 전공까지 하게 됐습니다. 제가 연구한 분야는 '텍스처 합성Texture synthesis' 입니다. 예를 들어 영화 「반지의 제왕」 속 전투 장면에는 엄청나게 많은 군사가 등장합니다. 하지만 실제로 모든 등장인물을 캐스팅할 수는 없죠. 그래서 소수의 몇 명만을 촬영한 후 수백만 명처럼 보이게 하는데, 텍스처 합성은 바로 이때 사용하는 자동화 기술입니다.

현재 텍스처 합성 분야에서는 제가 우리나라 최초이자 유일한 기술자입니다. 전 세계적으로도 2D 텍스처 합성에 대한 연구는 많았지만 3D에 대한 연구는 거의 없습니다. 석사 때 2D에 대해 연구를 했고, 이것을 3D에 적용하고 싶어서 박사 공부를 시작했습니다.

그래픽스 분야를 연구하며 힘들었던 점은 무엇이었나요?

보통 프로그램을 작성하다가 버그가 있으면 컴파일러가 알려주거나 실행 중에 오류가 발생하기 때문에 쉽게 알 수 있습니다. 그러나 그래픽 프로그램은 복잡한 수식에 의한 연산이 많다 보니, 수식이 잘못되거나 특정 변수에 값이 잘못 들어가더라도 프로그램은 정상적으로 동작합니다. 이미지 같은 형태로 결과가 출력되지만 이미지 품질이 조금 달라진다거나 형태가 미세하게 변하는 등 사람의 눈으로 확인할 수 없는 경우가 대부분이죠. 그래서 버그를 찾는 게 매우 어렵습니다.

2D와 3D를 연구할 때의 차이는 무엇인가요?

2D와 3D의 차이는 데이터양입니다. 2D는 가로와 세로로만 구성된 데 반해, 3D는 깊이가 더해지기 때문에 데이터양이 엄청나게 증가하죠. 그래서 2D에서는 결과물의 품질 등에 초점을 맞췄다면, 3D에서는 처리 속도를 높이는 데 많은 노력을 기울입니다.

1대1 채팅 상담 서비스로 창업한 이유가 궁금합니다

2007년부터 1대1 실시간 채팅 상담 서비스인 '톡플러스'를 운영해왔습니다. 처음에는 취미 삼아 만들었는데 이용자가 계속 늘었죠. 그러면서 더 잘 만들고 싶다는 생각이 들었고 창업까지 이어졌습니다. 톡플러스를 개발하면서 가장 신경 썼던 부분은 상담원의 효율성입니다. 온라인 쇼핑몰 등 사업을 하면 고객 상담을 위해 인건비를 많이 지출합니다. 제가 만든 서비스를 통해 조금이나마 편리하고 빠르게 상담할 수 있다면 그 비용을 줄일 수 있겠죠. 톡플러스의 가장 큰 장점은 채팅 자동 완성 기능입니다. 유사한 실시간 상담 서비스들이 많은데 자동 완성 기능만큼은 톡플러스가 가장 앞서 있다고 자신합니다.

안드로이드 라이브러리 오픈 소스인 'Scaloid'를 개발하셨죠?

최근 안드로이드 앱을 개발하면서 불편함을 조금 느꼈습니다. 물론 안드로이드 API는 매우 잘 만들어졌습니다. 하지만 제가 원하는 결과를 얻으려니 반복적인 작업을 해야 했죠. 예를 들어 버튼을 클릭했을 때 데이터를 전송하는 아주 간단한 기능을 구현하려 해도 수십 줄의 긴 코드를 작성해야 합니다. 그래서 안드로이드 개발 시 스칼라Scala 언어를 사용할 수 있게 해주는 라이브러리를 만들었습니다. 그것이 바로 'Scaloid'입니다. 이것을 이용하면 여덟 줄로 작성하던 안드로이드 자바 코드를 단 한 줄로 작성할 수 있습니다. 소스코드가 줄어든다는 것은 즉, 코드의 가독성이 좋아지고 유지 보수가 쉬워진다는 말입니다. 그만큼 이점이 생기는 것이죠.

제가 필요해서 만들었는데 다른 사람들과 같이 사용하면 좋을 것 같아서 공개했고, 앞으로 더 발전시키고 싶습니다. 오픈 소스라서 누구나 http://scaloid.org에서 내려받아 사용할 수 있습니다.

개발자들에게 추천하고 싶은 책이 있나요?

조엘 스폴스키Joel Spolsky의 『조엘 온 소프트웨어Joel On Software』(에이콘출판, 2005) 를 추천하고 싶습니다. 저는 이 책을 쓴 조엘 스폴스키가 정말 대단하다고 생각합니다. 제 롤모델로 삼을 정도죠. 스티브 잡스, 마크 주커버그, 빌 게이츠, 레리 페이지 등은 20대에 천재라는 말을 들으며 엄청나게 성공한 사람들입니다. 조엘 스폴스키도 물론 똑똑하고 열심히 하는 사람이지만 범접할 수 없는 천재라기보다는 나와 함께 일하는 과장님 같습니다. 대기업 프로그래머로 시작해서 창업하고, 책도 쓰고, '스택오버플로' 같은 웹 서비스도 만들어 운영하는 모습이 인상적입니다. 그런 그를 보며 나 역시 나이에 구애받지 말고 꾸준히 창의적으로 활동하고 싶다는 생각을 하게 됩니다.

취미가 있나요?

좀 의외일 수도 있는데 바이올린 연주와 피아노 연주를 합니다. 컴퓨터 프로그램을 개발하다 보면 자칫 감성을 잃어버릴 수 있는데, 악기 연주를 함으로써 감성을 유지할 수 있죠. 그래서 시간이 날 때는 악기 연주를 즐깁니다.

본인만의 개발 철학이 있다면 말해주세요

이론체계는 간결할수록 좋다는 논리 '오컴의 면도날Occam's razor'을 아시죠? 저는 개발할 때 오컴의 면도날을 늘 생각합니다. 같은 일을 하는 프로그램은 단순할수록 좋습니다. 한 가지 기능을 고치기 위해서는 한 군데만 고쳐야 합니다. 하지만 프로그램을 대충 만들면 기능 하나를 고칠 때에도 여기저기 고쳐야 하는 경우가 생기죠. 어떤 개발 방법론을 사용하든 오컴의 면도날을 지킨다면 좋은 품질의 프로그램을 만들 수 있다고 생각합니다.

그리고 아무리 사소한 것일지라도 우리가 만드는 프로그램이 세상에 큰 영향을 미친다는 점을 잊지 않습니다. 최근에만 해도 iOS 지도 앱의 결함 때문에 어떤 사람이 길을 잃고 사고를 당하기도 했죠.

또한, 개발자에게는 작가주의가 필요다고 생각합니다. 소프트웨어가 발전하고 오픈 소스가 확산될수록 '세상에 없는 프로그램'은 없을 것입니다. 간단하게 오픈 소스를 조합하면 프로그램이 완성되는 세상이 되겠죠. 그래서 개발자들은 새로운 생각을 갖고 그야말로 '작품'을 만들 수 있는 사람이 되어야 합니다. 앞으로는 자신의 사상을 프로그램에 녹일 줄 아는 작가주의 프로그래머가 더 인정받고 더 크게 성공할 거라고 생각합니다. 저 역시 그런 프로그래머가 되기를 꿈꿉니다. 그래서 기술뿐만 아니라 인문학이나 예술 등 다양한 분야를 폭넓게 경험하고 공부합니다.

"좋은 결과를 얻으려면 협력이 필요하다"

혼자서 할 수 있는 일은 많지만, 여럿이 같이할 때 효율성이나 결과가 더 좋은 일이 많다. 좋은 이야기만 한다고 해서 협력이 잘되는 건 아니다. 안 좋은 이야기, 쓰지만 약이 될만한 이야기도 때로는 필요하다. 그는 동료 간의 협력과 긍정적인 태도, 그런 태도를 견지하는 습관이 팀워크를 더욱 강하게 하고, 함께 더 많은 것을 이룰 수 있게 한다고 믿는다.

함께 일하는 것을 즐기는
모바일 개발자
홍성훈
(인터뷰_2013년 12월)

프로필

2003년부터 PMP, 내비게이션, 카오디오 등 윈도 CE, 윈도 모바일 환경에서 임베디드 소프트웨어를 개발했다. 현재 KT에서 'baas.io'의 안드로이드 SDK를 개발하고 있다.

윈도 기반 임베디드 개발을 시작한 계기에 대해 말해주세요

대학교 재학 중 미국으로 어학연수를 떠났다가 2003년에 귀국했습니다. 그 후 다시 학교에 다니면서 윈도우 CE 기반 솔루션을 만드는 회사에 다니기 시작했습니다. 당시는 포켓 PC나 PDA라 불리는 기기들이 대부분이던 때였는데, 저는 셋톱박스나 기업용 PDA 일정 관리 같은 윈도 CE 기반 임베디드 소프트웨어를 만들었습니다.

2000년대 초반부터 PMP가 차츰 인기를 끌었습니다. 사람들이 인터넷을 통해 동영상을 많이 보기 시작했고, 대부분 WMV 같은 윈도 기반 파일이었죠. 이런 흐름이 제게는 유리하게 작용했습니다. 2006년부터 본격적으로 아이스테이션 PMP 개발을 시작했습니다. '넷포스' 다음 모델인 'M43'이 아주 많이 팔렸는데, 가격이 낮아지고 좀 더 가벼워져서 학생들도 사용하기 좋았죠. 공공장소에서 디지털 기기를 들고 있는 사람의 70%는 제가 만든 PMP를 사용하고 있을 정도였습니다. 많은 분이 사용해주시니 매우 기뻤고 그만큼 자부심도 컸습니다.

윈도 기반 임베디드 소프트웨어를 개발하면서 힘들었던 점을 말해주세요

윈도 개발자라면 공통적으로 느끼는 부분일 텐데요, 윈도를 구성하는 기본 컨트롤의 UI가 예쁘지 않고 다소 느립니다. MFC^{Microsoft Foundation Class}를 사용하면 쉽게 만들 수는 있겠지만 세세하게 핸들링하기가 어렵죠. 그래서 저는 Win32 API를 사용해서 모든 메시지를 핸들링했습니다. 컨트롤도 직접 만들어서 사용했죠. 예를 들어 리스트 컨트롤을 비롯해 그 안에 들어가는 스크롤까지도 모두 만들었습니다.

그리고 PMP의 경우, 바탕화면이 보이지 않은 상태에서 여러 가지 프로그램들을 실행해야 하기 때문에 런처^{launcher}도 만들어야 했죠. 윈도에는 GUI^{Graphical User Interface}를 관장하는 'explorer.exe'라는 프로세스가 있는데요, 이것을 직접 커스터마이징했습니다.

윈도 CE를 다뤘던 경험은 아직도 개발할 때 도움이 됩니다. 예를 들어 자바에서는 메모리에 대해 크게 신경 쓰지 않는 경향이 있습니다. 하지만 레퍼런스가 복잡하게 얽히면 GC가 안 되기도 하죠. 제 경우, 앞선 경험 덕분에 그런 문제에 보다 수월하게 대응할 수 있게 된 것 같습니다.

모바일 기기 시장은 어떻게 변화했나요?

2008년, 국내에 아이팟터치(iPod Touch)가 출시됐을 때만 해도 PMP를 사용하는 사람이 훨씬 많았습니다. 수많은 동영상 포맷을 지원하고 용량도 훨씬 크다는 강점이 크게 작용한 덕분이었죠. 하지만 결국 무게와 크기를 줄이지 못했고 그로 인해 경쟁에서 뒤처지지 않았나 생각합니다. 만약 PMP 업체들이 혁신하려고 조금 더 시도했다면, 아이폰이나 아이팟터치가 지금처럼 성공하지 못했을 수도 있지 않을까요. 이후 PMP 업체들은 카오디오 쪽으로의 방향 선회를 택했습니다.

PMP를 만들 때와 카오디오를 만들 때의 차이는 무엇인가요?

PMP는 편리하게 업데이트할 수 있고, 필요하다면 언제든지 껐다 켤 수 있기 때문에 문제가 발생해도 대처하기가 수월합니다. 반면, 카오디오의 경우 오류가 발생하면 차를 뜯어야 합니다. 완벽한 개발자란 있을 수 없고, 더군다나 완벽한 QA(Quality Assurance)도 없기 마련인데, 이런 문제 때문인지 카오디오 시장에서는 기기가 완벽하길 바라는 경향이 있습니다. 이해가 안 되는 건 아니지만, 개발자 입장에서는 매우 힘들었습니다.

안드로이드 SQLite로 위치 정보를 처리하는 방법에 대해 설명해주세요

'아임IN' 개발 당시, 안드로이드 단말기에 저장된 SQLite 데이터 안에서 위치 정보를 조회하고 싶었습니다. 예를 들어 두 개의 위도, 경도좌표 사이의 거리를 구하는 공식을 통해 스마트폰의 현재 위치에서 반경 몇 Km 이내에 있는 지점들을 찾는 것입니다. 이때 위치 정보를 매번 서버로부터 가져오면 큰 비용이 들기 때문에 데이터를 스마트폰 로컬 DB에 캐시cache합니다. 그러면 네트워크 연결이 안 되는 상태에서도 주변의 위치 정보를 볼 수 있기 때문에 유용하죠. 구현 방법을 KTH 개발자 블로그에 올려 다른 개발자들과 공유했습니다. 많은 분들이 좋아해주셔서 뿌듯했죠.

baas.io에 대해 설명해주세요

baas.io는 모바일 앱 개발자가 서버 사이드 개발을 하지 않고서도 원하는 앱을 만들 수 있게 하는 클라우드 서비스입니다. 회원 정보 관리, 데이터베이스, 푸시 등을 대신 처리해주죠.

baas.io를 이용해 H3 안드로이드 앱을 만들어보니 완성하는 데 약 2주 걸렸습니다. 서버 개발자들에게 "이런 걸 만들어달라"며 요청하고 기다릴 필요 없이, 이미 제공되고 있는 API를 이용해 내 마음대로 조합하여 원하는 걸 구현할 수 있었죠. 그 매력에 빠져서 본격적으로 baas.io를 만들고 싶어졌습니다. 지금은 아예 baas.io 팀으로 옮겨서 그 일을 하고 있고요.

baas.io SDK를 만들면서 1인 개발자를 특히 고려했습니다. 혼자서 iOS와 안드로이드 앱을 개발하는 경우, 플랫폼에 따라 SDK 사용 방법이 다르면 많이 힘들 것입니다. 비록 'Objective-C'와 '자바'라는 언어는 다르겠지만, baas.io SDK의 구조만큼이라도 최대한 동일하게 맞추려 했습니다. 이에 더해 자바스크립트 SDK와 REST API도 제공하고 있습니다. 이처럼 저는 이용자들이 프로그래밍 언어나 시스템 환경에 상관없이 이용할 수 있도록 최대한 노력하고 있습니다.

클라우드 서비스의 매력은 무엇이라고 생각하나요?

클라이언트 개발자 입장에서 클라우드 서비스를 활용하면 굳이 서버 개발자가 없어도 되고, 개발 기간도 단축할 수 있습니다. 만약 서비스가 커져서 수익이 나면 그

때 자체적으로 구축해도 늦지 않다고 생각합니다. 처음부터 큰 비용을 투자해서 개발하는 것은 자칫 자기 목을 스스로 조이는 결과를 불러올 수 있습니다. 처음 시작할 때는 baas.io 같은 클라우드 서비스를 이용해 린스타트업^{lean startup}을 하는 편이 유리하죠.

SDK 개발자로서 조언한다면요?

사용성을 늘 고려해야 합니다. 저 역시 제가 만들 라이브러리를 많은 사람이 사용한다는 책임감으로 메소드 이름 하나를 정하더라도 깊게 고민합니다. 그런 만큼 제가 만든 SDK를 통해 서비스를 잘 만들었다는 얘기를 들을 때면 큰 보람을 느끼고요.

본인만의 개발 철학이 있다면 말해주세요

협력을 매우 중요하게 생각합니다. 혼자서 할 수 있는 일도 많지만, 여럿이 같이할 때 효율성이나 결과가 더 좋은 일이 많죠. 좋은 이야기만 한다고 해서 협력이 잘되는 건 아닙니다. 안 좋은 이야기, 다시 말해 쓰지만 약이 될만한 이야기도 필요할 때가 있습니다. 하지만 그러한 이야기를 할 때 말하는 사람은 자칫 상대를 비난하기 쉽고, 듣는 사람은 오해하기 쉽습니다. 그런 면을 생각해보면, 저는 우리 팀이 참 좋습니다. 어떤 대화를 나누더라도 서로의 이야기를 발전적인 방향으로 받아들이거든요. 팀원 간의 긍정적인 태도와 그런 태도를 견지하는 습관이 팀워크를 더욱 강하게 하고, 함께 더 많은 것을 이룰 수 있게 한다고 믿습니다.

미래의 동료에게 조언할 말이 있다면 한마디 부탁드립니다

개발 실력이 어느 정도의 수준을 넘어서려면 영어 능력이 매우 중요하다는 걸 느꼈습니다. 물론 말도 잘하면 좋겠죠. 다만, 최소한 스스로 원하는 정보에 접근하고 이해할 수 있을 정도의 영어 실력만큼은 꼭 필요하다고 생각합니다. 이 점을 기억하고 틈이 날 때마다 실력을 쌓으시면 좋을 것 같아요.

PART 3
웹

"좋은 소프트웨어를 만드는 가장 중요한 방법은 소통이다"

그는 사람을 무척이나 좋아한다. 소프트웨어를 만드는 이도 사람이며, 사용하는 이도 사람이므로 소통을 통해 더 좋은 소프트웨어를 만들 수 있다고 믿고 있다. 그리고 시간이 흐르면 사람의 마음이 변하듯 소프트웨어도 그에 맞춰 유연하게 변할 수 있어야 한다고 말한다.

열정적으로 사람들과 소통하는 개발자
이철혁
(인터뷰_2011년 10월)

프로필

국내에 단 두 명분인 Zend 공식 엔지니어 중 한 사람으로, 국내 최초 PHP 4 서적인 『닷컴 PHP4 마스터』(가남사, 2000)의 저자이기도 하다. 컴퓨터 공학을 전공한 후 창업을 시작으로 엠파스, 이니시스, NHN 등에서 일했다. 현재는 캠프모바일에서 일하며 사람들과 열정적으로 소통하고 있다.

프로그래밍을 시작한 계기를 말해주세요

친척 형이 전산학을 전공하셔서 유치원 때부터 자연스럽게 컴퓨터를 접했습니다. 'Apple I'과 금성 '패미콤'이 나올 때였는데, 《컴퓨터 학습》이란 컴퓨터 관련 잡지도 창간됐죠. 그 잡지 창간호에 실렸던 "당신은 컴퓨터를 본 적이 있습니까? 봤다면 생각보다 작았습니까, 컸습니까?"라는 설문조사가 떠오르네요. 제가 초등학교에 다닐 무렵 국내에 컴퓨터 학원이 처음 생겼습니다. 그때 프로그래밍을 시작했고 〈닥터할로〉 같은 그림판 프로그램도 만들어봤습니다. 중학교 1학년 때는 월간《마이컴MYCOM》에 실린 한글 폰트 원리를 다룬 기사를 읽고 직접 한글 폰트를 만들기도 했습니다.

어려서부터 컴퓨터를 접한 게 도움이 됐나요?

박이부정博而不精이란 말이 있습니다. 넓게는 아는데 그 앎이 깊지 않은 걸 말합니다. 그런데 컴퓨터 분야는 넓고 깊게 알아야 합니다. 예를 들어서 초기 DBMS가 지금처럼 복잡하지는 않았을 것입니다. 시간이 흐를수록 점점 복잡해진 것이죠. 시스템도 마찬가집니다. 알아야 할 것들이 너무 많아서 우리는 계속 힘든 싸움을 하고 있습니다. 그런 면에서 저는 어려서부터 보고 접한 덕분에 프로그래밍에 필요한 감각이 자연스레 몸에 밴 것 같습니다. 프로그램을 만들 때 전체적인 구현 방법이나 알고리즘이 바로 떠오르는 편이거든요.

좋은 프로그램 언어란 어떤 것인가요?

모든 개발자는 저마다 자기가 다루는 언어에 자부심을 느끼고 있습니다. 저는 BASIC으로 프로그래밍을 시작했고 약 10년 정도 BASIC만 다뤘습니다. 하지만 다른 개발자들은 BASIC을 프로그래밍 입문용 언어로만 생각하고 C가 최고라고 말하더군요. 저는 BASIC으로도 모든 걸 다 만들 수 있다고, BASIC이 매우 좋다고 주장했습니다. 그러면서도 다른 개발자들이 말하는 대단한 언어들은 도대체 어떤지 궁금해졌죠. C를 비롯한 다양한 언어를 공부해보고서야, 결국 나도 그들과 마찬가지로 편협했다는 걸 깨달았습니다.

프로그래밍 언어는 도구이기 때문에 자신에게 맞는 것, 용도에 맞는 것을 적절하게 사용하는 게 가장 중요합니다. 제가 만약 특정 언어만 좋다고 생각하던 편견을 버리지 못했다면, 시대의 흐름에 적응하지 못하고 도태됐을지도 모릅니다. 예를 들어서 C를 잘하는 사람은 세월이 흘러도 C만 하는 경향이 강합니다. 만약 제가 BASIC이 아니라 C부터 접했다면 지금쯤 C에 관한 한 대단한 실력을 갖추고 있겠죠. 하지만 그런 반면 아직까지 도스용 프로그램을 만들고 있을지도 모릅니다. 또는 도스 시절에 쌓은 지식에 갇혀서 윈도나 나아가 인터넷 시대에 적응하지 못했을지도 모르죠. 실제로 도스에서 윈도로 넘어올 때 적응하지 못한 개발자들이 많았습니다. 결국 좋은 프로그래밍 언어란 자신에게 잘 맞고 용도에 따라 잘 사용할 수 있는 언어입니다.

감동적이었던 프로젝트를 꼽아주세요

NHN 메일 개발팀에서 휴대 전화용 모바일 메일 서비스를 만들었습니다. 해외나 네트워크가 느린 곳에서 네이버 메일을 사용할 수 있게 하는 '메일 SE'라는 서비스였죠. 개발팀에서는 사용자 접근성을 매우 중요하게 고려했습니다. 특히 함께 만들던 구성원 모두가 '더 좋은 제품을 만들어보자'는 생각으로 시각장애인들이 사용하는 TTS^{Text To Speech}에도 최적화를 적용했습니다. 사람은 스스로 판단해서 내용을 읽지만, 기계는 그렇지 않고 순서대로 읽을 뿐입니다. 그래서 TTS가 내용을 읽을 때 사람이 잘 듣고 이해할 수 있도록 구성을 맞춰줘야 하죠. 열심히 만든 메일 서비스를 마침내 공개했을 때 정말 감동적이었습니다.

존경하는 분이 있나요?

안철수 씨와 스티브 워즈니악^{Steve Wozniak}을 좋아합니다. 안철수 씨의 경우 컴퓨터를 처음 접한 시기는 저와 비슷했지만 시도가 달랐습니다. 아주 기본적인 것부터 쌓아가는 스타일이라고 들었는데 컴퓨터도 기계어부터 차근차근 쌓으셨더군요. 참 대단한 분이라고 생각합니다.

스티브 워즈니악은 제 롤모델로 삼은 분입니다. 그와 관련된 '크리스마스의 기적'이라고 부르는 일화가 있습니다. 오래전에는 FDD^{Floppy Disk Drive}가 가장 중요하고 비싼 부품 중 하나였습니다. 그러던 중 스티브 워즈니악이 크리스마스 휴가 기간에 영감을 떠올리고 FDD에 들어가던 칩의 숫자를 반으로 줄였습니다. 갑자기 떠오른 최고의 영감 덕분에 애플 컴퓨터의 가격이 대폭 저렴해졌고 더 많은 사람이 컴퓨터를 살 수 있게 됐습니다.

관심 있는 다른 분야가 있나요?

재능 기부에 관심이 많습니다. 가수라면 노래를 부르겠지만 우리는 컴퓨터를 다루는 사람들인 만큼 관련된 기술을 나누고 싶습니다. 그래서 제가 정말 잘하는 분야와 관련해 사회에 도움 줄 방법은 없는지 항상 고민합니다. 작년과 올해에는 소셜 이노베이션 행사에 참여해 프로그램을 개발하기도 했죠. 나중에 기회가 되면 재능 기부 확산을 위한 사회활동도 하고 싶습니다.

개발자들에게 추천하고 싶은 책이 있나요?

헨리 페트로스키^{Henry Petroski}가 쓴 『인간과 공학이야기^{To Engineer is Human}』(지호, 1997)라는 책이 좋겠군요. 아쉽게도 지금은 절판돼서 도서관에서만 볼 수 있습니다. 이 책은 그리스 신화의 이카로스를 엔지니어로 바라봅니다. 이카로스는 새의 깃털과 밀랍으로 만든 날개를 달고 하늘로 날아올랐는데 태양에 너무 가깝이 다가가는 바람에 날개가 녹아서 추락했습니다. 책에서는 그 과정을 실패로 해석합니다.

엔지니어링은 실패를 통해 발전합니다. 실패를 통해 배우고, 실패할 수밖에 없다는 점을 인정하는 것입니다. 책은 실패를 감추지 말고 떳떳하게 공개하여 반복하지 않도록 노력하는 게 가장 중요하다고 말합니다. 아울러 이 세상에 무너지지 않는 건물은 없듯, 모든 것은 언젠가 무너지고 망가질 것이므로 엔지니어는 정해진 수명 내에서 제대로 동작하게 하는 것을 목표로 삼아야 한다고 말합니다.

본인만의 개발 철학이 있다면 말해주세요

어렸을 때는 개발 속도가 빠른 게 미학이라고 생각했습니다. 그래서 무엇을 개발하든 남들보다 빠르게 만들려 하고 그것을 우쭐해 했습니다. 빨리 만드는 게 최고라고 생각했죠. 그런데 시간이 지나 만든 프로그램을 변경해야 할 때가 되면 고치는 게 너무 힘들었습니다. 그러다 보니 생각이 바뀌더군요. 유지 보수가 쉬운 프로그램이야말로 좋은 프로그램이라고 말입니다. 시대 흐름에 따른 변화를 유연하게 수용할 수 있는 프로그램이 잘 만든 프로그램이라는 걸 깨달은 것입니다.

나아가, 지금은 대화가 가장 중요하다고 생각합니다. 우리 개발자들은 프로그래밍 언어로 컴퓨터와 대화합니다. 그런데 개발자가 대화해야 하는 진짜 상대는 컴퓨터가 아니라 사람입니다. 사람과 대화를 잘해야만 컴퓨터와도 대화를 잘할 수 있게 됩니다. 소프트웨어를 필요로 하는 이도, 그것을 사용하는 이도, 또 변경을 요청하는 이도 사람입니다. 개발자도 사람이죠. 결국, 사람과 대화를 잘하는 것이 좋은 소프트웨어를 만드는 가장 중요한 방법이 아닐까요.

후배 개발자 후배들에게 조언 한마디 부탁드립니다

저는 제대 후에 친구들과 창업을 하고 벤처기업을 다니던 3년 동안 정말 열심히 했습니다. 누가 시킨 것도 아닌데 회사에서 먹고 자면서 열심히 공부하고 일했죠. 그리고 뛰어난 사람들을 만나면서 자극을 받고 더 열심히 했습니다. 이처럼 사회에 찌들기 전에 자신을 열정적으로 불사를 시기가 필요한 것 같습니다. 제가 만약 창업과 벤처기업이 아닌 대기업을 먼저 경험했다면 지금 좀 더 안정적인 삶을 살고 있을 수도 있습니다. 하지만 결코 지금처럼 성장하지는 못했을 것 같습니다. 그렇다고 대기업을 가지 말라는 이야기는 아닙니다. 현재 창업을 했거나 벤처기업에 다니는 사람들이 분명히 있을 것입니다. 지금은 다소 힘들더라도 자기 삶에 집중하고 열정을 쏟으면 원하는 바를 이룰 수 있다고 말하고 싶습니다.

행복한가요?

저는 매우 행복한 사람입니다. 전망이나 월급을 보고 개발자라는 직업을 선택하지 않았습니다. 어릴 때부터 컴퓨터를 좋아했고, 컴퓨터 관련 일을 하고 싶었고, 컴퓨터 공학을 전공했죠. 그리고 컴퓨터 일을 하는 지금, 이보다 더 행복할 순 없습니다.

"개발자는 인류의 인생을 연장하는 사람들이다"

개발자들이 만들어내는 디지털 코드는 사람들이 우체국에 가지 않아도 편지를 보낼 수 있게 했고, 도서관에 가지 않아도 책을 볼 수 있게 했다. 집 밖에서도 전화를 주고받을 수 있게 했으며, 지하철에서 좋아하는 음악을 들을 수도 있게 했다. 그는 소프트웨어 개발자란 전체 인류를 이롭게 하는 매우 대단한 사람들이라고 믿는다.

'Geek'이
되고 싶은 개발자
나해빈
(인터뷰_2011년 7월)

프로필

대학생 때부터 삼성전자 소프트웨어멤버십에 참여하고 창업에도 도전하는 등 다양한 경험을 쌓아온 개발자다. NHN에 취업한 후에는 경영전략 부문에서 IT 분야 트래픽 분석, 해외 기술 동향 분석 등 회사가 경영 전략을 수립하는 데 필요한 분석 데이터를 만들었다. 그리고 1년간 플랫폼 개발팀에서 비즈니스 오브젝트 컨테이너, 네트워크 어댑터 등 NHN의 차세대 플랫폼을 개발하기도 했다.
생산성혁신랩에서는 애자일 프렉티스 확산, QP에 관련된 도구를 조사하고 도입, 활용 방법을 연구하는 업무를 맡아서 반복 작업처럼 노동 비용이 많이 들어가는 부분을 찾아내서 개선하는 일을 했다. 현재는 라인플러스에서 전 세계 3억 명이 사용하는 LINE 메신저를 개발하고 있다.

본인의 개발 스타일이 있나요?

'Get Thing Done'이라고 해서 문제가 생기면 최단 시간 내에 해결하려고 노력합니다. 일명 '영웅 주도적 개발 방법론'인데요. 제 개발 스타일은 소수의 인원이 빠른 시일 내에 프로토타입을 만들어야 하는 실험적 프로젝트에 잘 맞는 것 같습니다. 반대로 오랜 시간을 두고 견고하게 개발을 하거나 많은 사람과 협업을 해야 하는 프로젝트에는 제 개발 스타일이 문제가 될 수도 있을 것입니다.

개발자로서는 독특하게 삼일회계법인^{PwC}에서 컨설턴트로도 일하셨죠?

대학교 다닐 때 전략 컨설팅에 관심이 많아서 'WAVP'이라는 전략 컨설팅 동아리를 만들기까지 했습니다. 공학도와 컨설턴트는 둘 다 문제를 해결하는 사람입니다. 관련이 없을 것 같은 두 직군 간에 연관성이 있다고 생각했습니다.

감명 깊게 읽은 책 중에 물리학자 엘리 골드렛$^{Eliyahu\ M.\ Goldratt}$ 쓴 『The Goal』(동양북스, 2002)이라는 경영학 소설이 있습니다. 엘리 골드렛은 'Think process'라는 문제 해결 사고법을 창안했습니다. 쉽게 설명해 '문제 해결을 위해서는 병목구간을 도출해야 한다. 아무리 병목구간이 아닌 곳에서 개선을 해봤자 전체 개선에 영향을 미치지 않기 때문에 가장 먼저 병목구간을 도출하여 문제를 개선한 후 그다음 병목구간을 찾고 개선하는 걸 반복하면 효과적으로 문제를 해결할 수 있다'는 것입니다. '문제 해결 사고법'은 결국 어떠한 대립 관계로 인해 문제가 발생했을 때 문제 원인에 대한 이면, 그리고 그 이면 뒤에는 있는 또 다른 이면을 찾는 것입니다. 그러면 문제들이 실제로는 상호 보완적이고, 그 때문에 서로 도와서 문제를 함께 해결할 수 있다는 것이죠.

물리학적 사고가 경영학이라는 학문에 적용되는 걸 보면서 큰 감동을 받았습니다. 저도 제 능력을 소프트웨어 개발이 아닌 다른 영역에서 시험해보고 싶은 욕심이 생겨 컨설팅 회사에 들어갔습니다. 덕분에 PwC에서 일하면서 국내 대기업 세일즈 네트워크 프로젝트 등을 진행했고 경영에 관한 다양한 경험을 할 수 있었습니다.

개인적인 의사 결정을 할 때에도 데이터를 활용하신다고 들었습니다. 어떤 효과가 있나요?

PwC에서 컨설턴트로 일하다 보니 개발자의 삶으로 돌아가고 싶어졌습니다. 고민 끝에 NHN을 선택했는데, 이때 지표를 활용해서 의사결정을 내렸습니다.

저는 저 자신에 대한 17가지 지표를 만들었습니다. 과거, 현재, 미래 상황 등을 시간에 따라 가중치를 부여하고 점수를 매겼는데요. NHN이 다른 회사에 비해서 10% 차이로 점수가 높게 나왔습니다. 이러한 문제 접근 방식은 실제 생활에서도 유용하게 쓰이는데요. 그중 하나가 'Divide and Conquer', 즉 모든 문제는 작은 덩어리로 나눌 수 있고, 계속해서 나누면 어떠한 대상을 바르게 볼 수 있을 만큼의 최소 단위로 쪼개진다는 것이죠. 그러면 문제를 보다 쉽게 해결할 수 있습니다.

기억에 남는 개발 프로젝트가 있으면 소개해주세요

병역 특례를 하면서 많은 경험을 했습니다. SMS, E-Mail 등을 대량으로 보낼 수 있는 통합 메시징 게이트웨이를 만들었죠. 그중에서도 제가 주도적으로 개발한 부분은 이메일 시스템인데요. 그 당시에는 JAMES 같은 엔터프라이즈 이메일 서버 시스템이 없었습니다. 그래서 SMTP^{Simple Mail Transfer Protocol}이나 POP3^{Post Office Protocol 3} 등의 이메일 관련 프로토콜을 비롯해 DNS^{Domain Name System} 클라이언트 같은 시스템에 필요한 모든 기반 기술을 모두 직접 구현했습니다. 운이 좋게도 제가 만들었던 솔루션으로 인해 회사가 새로운 제품 라인을 갖게 됐고, 금융권 같은 대규모 프로젝트에 솔루션이 채택됐습니다. 덕분에 병역 특례를 마치고 대학교에 복학한 후에도 조건부 파트타임으로 회사 근무를 계속 했습니다. 10년이 지난 지금까지도 국내 대형 은행에서 제가 만든 솔루션을 사용하고 있더군요.

분산 처리를 통해 대량 메일을 빠르게 발송할 수 있다는 점이 이 솔루션의 차별화된 요소인데요. 물론 지금은 분산 처리 기술이 많이 발전해서 특별하게 느껴지지 않지만, 10년 전만 해도 성능 면에서 경쟁사 시스템보다 10배 이상 좋았습니다.

사실 이 프로젝트의 초기에는 이메일 발송 전문 업체의 솔루션을 사서 커스터마이징 하려는 계획이었습니다. 그런데 SMTP 프로토콜 자체가 복잡하지 않았기 때문에 직접 개발하는 것이 커스터마이징보다 경제적이라고 판단해서 구현했던 것입니다. 기억하기로 전체 솔루션을 개발하는 데 약 두 달 정도 걸렸습니다.

회사 차원에서는 솔루션 커스터마이징 하라고 저를 프로젝트에 투입했는데 같은 기간에 시스템 엔진을 만들어놨으니 조금 신기하게 여겼던 것 같습니다. 결국, 제가 만든 시스템이 솔루션에 포함되었고 프로젝트는 성공적으로 완료되었습니다. 정말 기뻤죠. 그 프로젝트의 성공은 제 열정이 타오르는 계기가 됐습니다.

프로젝트를 성공적으로 끝낼 수 있었던 이유 중 하나는 나름대로 벤치마킹을 열심히 해서 경쟁사 솔루션의 문제점을 파악하고 있었기 때문인 것 같습니다. 경쟁사 솔루션은 확장성에 큰 문제가 있었습니다. 그래서 저는 마스터-슬레이브 패턴 구조Master-Slave Pattern Structure로 구현을 했습니다. 지금으로 따지면 Jboss의 manager worker와 비슷합니다. 이러한 설계는 로드밸런서load balancer와 모든 서버를 유기적으로 연결하면서 확장을 유연하게 했습니다. 예를 들어서 예상보다 많은 수의 이메일을 발송해야 할 경우에는 비교적 사용률이 낮은 웹 서버 등을 로드밸런서에 연결만 해줌으로써, 순식간에 메일 시스템으로 활용할 수 있는 것입니다. 작업이 끝나면 추가된 서버는 본연의 역할로 돌아가고요. 회사는 소유하고 있는 서버 자원의 효율을 극대화하는 효과를 얻을 수 있었습니다.

대학교 다닐 때 창업을 하셨는데, 특별한 계기가 있었나요?

삼성전자 소프트웨어 멤버십에도 참여하고 여러 소프트웨어 공모전에서 입상하기도 했습니다. 그중에서 가장 기억에 남는 작품이 동영상 스트리밍 서비스 시스템입니다. 지금은 여러 업체가 있지만, 당시에는 동영상 스트리밍 서비스 차체가 아예 없었습니다. 만들게 된 계기는 단순합니다. 저는 F1 자동차 경주를 무척 좋아하는데요. 너무나 보고 싶었지만 우리나라에서 F1 경주를 중계해주는 곳이 없었습니다. 그래서 해외 방송 콘텐츠를 P2P를 통해 스트리밍할 수 있는 시스템을 만들면 우리나라에서도 실컷 볼 수 있겠다고 생각했습니다. 운이 좋게도 대한민국 소프트웨어 공모대전에서 동상(자바 부문 2위)을 받았고 공모전 직후 투자 제의도 받으면서 자연스럽게 창업으로 연결된 것 같습니다.

회사를 설립하고 열정적인 친구들과 함께 밤새도록 토론하며 아키텍처를 설계했습니다. 예를 들어서 "어떻게 하면 P2P에서 최상의 네트워크를 만들 수 있을까?" 같은 주제였습니다. 친구들과 여러 프로젝트를 진행하면서 쌓은 경험을 토대로 새로운 회사를 구성했습니다. 그 회사가 바로 최근에 주목받고 있는 국내 클라우드 컴퓨팅 회사 'nFractals(현재 NFLabs로 변경)'입니다. 사실 nFractals란 회사 이름도 제가 지었습니다. 그 이후 여러 가지 이유로 nFractals를 나왔고, 현재 NHN에서 회사 생활을 하고 있습니다.

만약 지금 회사를 만든다면 어떤 회사를 만들고 싶은가요?

'미친 사람들이 모여서, 사람들이 미칠 수 있는 서비스를 만드는 미친 회사'를 만들고 싶습니다. 우선 미친 서비스가 나오려면 개발자가 미쳐야 하는데요. 개발자가 미치기 위해서는 전문성, 자율성, 사명감 이렇게 3가지 요소가 필요합니다. 회사가 이 3가지 요소를 보장해준다면 충분히 '사용자가 미칠 수 있는 서비스'도 나올 수 있다고 생각합니다.

오래전부터 개인 프로젝트를 많이 해오셨는데, 그 경험이 어떤 도움이 되었나요?

항상 큰 도움이 되었습니다. 제가 처음으로 웹 서비스 개발을 맡게 됐을 때만 해도 학습해야 할 것들이 너무 많았습니다. 오랫동안 해오던 서버 사이드 개발과는 많이 달라서 너무 어렵게 느껴졌죠. 그럴 때마다 개인 프로젝트를 진행하며 부족했던 부분에 대한 실전적 경험을 쌓았습니다. 그러다 보니 개인 프로젝트로 얻은 지식을 제가 원래 해오던 서버 사이드 플랫폼 개발에도 적용할 수 있게 되더군요.

최근에 관심 있는 분야는 어떤 분야인가요?

복잡계, 행동 경제학, 심리학 등의 분야에 관심이 있습니다. 특히 복잡계에 관심을 두게 되면서 예측 불가능한 것들을 모델링하여 순간적으로 나타나는 현상들을 관찰하는 게 도움이 되었습니다. 예를 들어 스티븐 호킹Stephen Hawking 박사의 『위대한 설계The Grand Design』(까치글방, 2010)에는 '모형 의존적 실재론Model-Dependent Realism'이 나옵니다. 이는 모든 실재는 모델에 의존한다는 의미거든요. 달리 말해, 제가 보는 모델이 없으면 실재는 존재하지 않는다는 뜻이죠. 복잡한 문제를 해결할 때 모델을 만들고 그것을 개선하면서 궁극적으로 더 좋은 방향으로 나아갈 수 있다는 것입니다.

복잡계에 관련한 책을 한 권 추천하자면 미첼 월드롭Mitchell Waldrop 박사가 쓴 『카오스에서 인공생명으로Complexity』(범양사, 2006)가 좋을 듯싶습니다. 일명 복잡계 백과사전이라고 불리는 책입니다.

취미가 있나요?

스케이트보드 타기와 드라이브를 즐깁니다. 특히 바람을 가르며 드라이브하는 걸 좋아해서 예전에는 오토바이도 많이 탔습니다.

일을 재미있게 하는 자신만의 방법이 있나요?

톰 피터스Tom Peters 박사가 쓴 『미래를 경영하라Re-imagine』(21세기북스, 2007)라는 책에 "이 세상에 재미있는 일은 없다. 그러나 일을 재미있게 하는 방법은 있다"라는 구절이 나옵니다. 이 말은 '내가 하고 있는 일을 회사로 독립할 수 있을 만큼 발전시키면, 거꾸로 그 일은 재미있어진다'라고 생각할 수도 있습니다. 저는 제가 하는 일을 재미있게 만들려고 노력합니다. 그러다 보면 어느새 정말 재미있어지더군요.

본인만의 개발 철학이 있다면 말해주세요

저는 가끔 후배들에게 『삼국지』에 등장하는 전설적인 명의 '화타'에 관한 이야기를 들려줍니다. 화타에게는 의사인 형님이 두 분 있었습니다. 첫째 형은 병이 생기기 전에 미리 몸을 건강하게 하고, 둘째 형은 큰 병이 생기기 전에 미리 처방합니다. 화타는 두 형님과 같은 안목이 없기 때문에 자신은 죽어가는 환자를 살릴 뿐이라고 말합니다. 그러면서 형님들이 자신보다 더 뛰어난 명의라고 왕에게 소개하죠.

우리는 흔히 소프트웨어 개발자를 '3D 업종'이라고까지 말합니다. 어쩌다가 이렇게까지 되었는지 모르겠습니다만, 저는 개발자가 화타의 두 형님과 같은 사람이라고 생각합니다. 사실 의사들이 죽어가는 환자의 생명을 살려서 인생을 연장하는 건 매우 한정적입니다. 하지만 다양한 분야의 엔지니어, IT분야 개발자는 전체 인류의 인생을 연장하고 있습니다. 예를 들어서 며칠을 기다려야만 받을 수 있었던 편지를 이메일로 몇 초 만에 받아볼 수 있게 하고, 인터넷을 통해 정보를 몇 분 만에 찾아볼 수 있게 함으로써 도서관에 가던 긴 시간을 절약해줍니다.

너무나 익숙해서 사소한 것으로 느껴지는 이런 기술들로 사람들은 적게는 몇 분, 많게는 몇 시간을 아낄 수 있습니다. 결과적으로 한정된 시간 안에서 인생을 길게 해주고 있는 것이죠. 우리가 만든 기술로 인해 연장되는 사람들의 인생을 절대시간으로 따지면 엄청날 것입니다. 그러니 개발자인 우리 스스로 직업을 대단하게 여기고 의사보다 더 큰 사명감으로 일해야 한다고 생각합니다.

꿈꾸는 미래의 모습이 있나요?

사람들이 가지고 있는 문제를 다양한 지식을 통해 해결해주는 Geek이 되고 싶습니다. 저 스스로 뿌듯할 수 있는 가치를 만들어가는 사람, 제가 속한 조직 안에서 가치가 있는 사람이 되고 싶습니다.

영화 「매트릭스」의 모피어스는 이런 말을 합니다.

"길을 아는 것과 길을 걷는 것은 큰 차이가 있다."

제가 어느 위치에 있을지는 모르겠지만, 어디에 있든 꿈을 향해 계속 걸어가고 있을 겁니다.

웹 서비스를
살아 움직이게 하는
Ajax 웹 개발자
김지한
(인터뷰_2012년 5월)

"우리 사회가 왜 지금과 같이 만들어졌고 현재 어떤 흐름 속에 있는지 알아야 한다"

이론적 지식과 실전 경험을 겸비하는 건 쉽지 않다. 웹 개발자 김지한은 그 균형을 아주 잘 유지하는 사람이다. 대학생 시절에는 오픈 소스 활동을 통해 실전 경험을 쌓았다. 그가 만든 소프트웨어는 네이버의 지원을 받을 정도로 인기와 품질이 좋았다. 사회현상을 이해하면 더 좋은 소프트웨어를 만들 수 있다고 생각하여 사회과학을 공부하기 위해 대학원에 진학하기도 했다. 그는 자신이 만든 웹 서비스를 더 많은 사람들이 사용해 주기를 진심으로 바란다.

프로필

블로그 이전 서비스인 〈프리덤〉, 오픈 소스 블로그 메타 시스템 〈날개〉 등을 개발했다. NHN 일본 Ajax 개발팀을 거쳐 현재는 네이버 기술연구소에서 협업 개발 플랫폼 Yobi를 만들고 있다. 그리고 연세대학교 행정대학원에서 사회문화를 공부하는 학생이기도 하다.

프로그래밍을 시작한 계기를 말해주세요

어렸을 때 컴퓨터 관련 일을 하던 외삼촌이 XT 컴퓨터를 주셨습니다. 그 컴퓨터로 PC게임을 하거나 GW-BASIC으로 간단하게 프로그래밍을 하며 놀았습니다. 중학교에 다닐 때에는 〈맥스MAX〉라는 대화형 프로그램이 유행이었습니다. 비슷한 걸 만들고 싶다고 생각했는데, 마침 소프트웨어 공모전이 열렸죠. 저는 지역 정보를 대화형으로 제공하는 프로그램을 만들어서 제출했고 장려상을 받았습니다. 고1이 되던 해에는 '모질라Mozilla 엔진'이 오픈 소스로 공개됐습니다. 저는 모질라 엔진에 다양한 기능을 추가해서 웹 브라우저를 만들었습니다. 버그가 많아서 공개적으로 배포하지는 못했지만, 소프트웨어 진흥원에서 주최한 소프트웨어 공모전에 출품하여 고등부 은상을 받았습니다.

'프리덤'과 '날개'가 무엇인가요?

2006년에 있었던 일입니다. 아는 분이 이글루스 블로그를 오랫동안 사용 중이셨는데, 티스토리로 옮기고 싶다고 말씀하셨습니다. 하지만 글과 사진이 너무 많아서 손으로 하기에는 사실상 불가능했습니다. 당시 윈도 기반의 블로그 백업 프로그램이 있었지만 사용하기에는 다소 불편했습니다. 그래서 이글루스에서 티스토리로 데이터를 이전하는 온라인 서비스를 만들었습니다. 그 후로 다른 블로그 서비스도 지원하면 좋겠다는 의견을 많이 받았습니다. 점차 기능을 추가하면서 통합된 서비스가 완성됐습니다. 블로그를 옮길 수 있는 자유를 주자는 의미에서 '프리덤'이라고 이름도 지었죠. 그런데 사용자가 늘면서 처음에는 예상하지 못했던 시스템적 문제들이 나타났습니다. 불만을 심하게 표출하는 사용자도 있었고요. 저는 순수하게 좋은 의미로 만들었는데 사람들은 그렇게 봐주지 않는 듯했습니다. 결국 '프리덤' 서비스를 종료했습니다.

'이제 무엇을 만들까?'라는 고민에 빠져 있을 때쯤, 메타 블로그 서비스가 인기를 끌었습니다. 내가 원하는 대로 메타 블로그 사이트를 만들 수 있으면 좋겠다는 생각이 들었고, 2010년 2월 14일에 '날개'를 공개했습니다. '날개'로 사업을 하려 했던 것은 아닙니다. 저 역시 오픈 소스 활동을 하고 싶었을 뿐이었죠. '날개'는 RSS$^{\text{Really Simple Syndication}}$뿐만 아니라 여러 블로그 서비스의 패턴을 분석하여 글 데이터를 수집합니다. 예를 들어 RSS에서 본문 일부분만 제공하는 경우에도 본문 전체를 수집할 수 있도록 만들었습니다. 가장 마지막에 만들었던 엔터프라이즈 버전은 블로그에 작성된 댓글까지도 수집할 수 있게 만들었습니다. 삼성이나 동아닷컴 등에서 블로그 중계 시스템으로 사용하기도 했죠.

네이버 일본 Ajax 개발팀에서 한 일에 대해 설명해주세요

Ajax 개발팀에서 웹 브라우저의 클라이언트 사이드$^{\text{client-side}}$를 개발했습니다. 쉽게 설명하자면, 네모난 상자를 멋진 포장지로 감싸고 예쁘게 리본을 달아서 상품으로서의 가치를 높이는 일입니다.

가장 대응하기 힘든 웹 브라우저는 무엇인가요?

'인터넷 익스플로러 6(이하 IE 6)'입니다. 오류도 자주 발생하는 데다 어디서 어떻게 오류가 발생했는지 알려주지를 않거든요. 자바 스크립트에서 오류가 발생하면 다른 브라우저들은 '몇 번째 라인에서 어떤 에러가 발생했습니다'라고 알려줍니다. 하지만 IE 6는 '알 수 없는 오류입니다'라고만 알려주기 때문에 원인을 파악하기 어렵습니다.

그리고 IE 6는 브라우저 자체에 버그가 있습니다. 쉽게 설명하기 위해 예를 들어 보겠습니다. 1 더하기 1은 2입니다. 이것은 당연한 결과인데 IE 6에서는 1.9, 1.8 같은 이상한 값이 나오는 것입니다. 그렇다고 해서 근본적인 해결 없이 'IE 6이면 1.9는 2이다'라고 소스코드를 작성할 수는 없습니다. 올바른 값이 나올 수 있도록 원인을 찾아서 해결해야 하는데 그 과정이 너무 힘듭니다.

그나마 IE 6의 점유율이 낮아지고 있어서 다행입니다. 최근에는 안드로이드 웹 브라우저가 IE 6와 같은 상황입니다. 안드로이드 2.1, 2.2 버전은 거의 IE 6 수준이라고 봐야 할 정도죠. 버그가 무척 많은데 원인을 파악하고 해결하기가 매우 어렵습니다. 그렇다고 인터넷 서비스를 만드는 개발자 입장에서 "그건 브라우저 버그이니 그냥 쓰세요"라고 말할 수는 없습니다. 더군다나 스마트폰 제조사마다 브라우저를 커스터마이징 하기 때문에, 브라우저의 동작이 조금씩 다릅니다. 이런 이유로 안드로이드 운영체제 역시 대응하기가 너무 어렵습니다.

모바일용 개발 시 주로 무엇을 사용하나요?

크롬을 많이 사용합니다. 모바일 웹 브라우저는 PC용 크롬 웹 브라우저와 같은 WebKit 엔진을 사용합니다. 그래서 크롬을 기준으로 개발하면 모바일 환경에서도 대부분 잘 동작합니다.

자바스크립트 프레임워크에 중 추천할만한 것이 있나요?

각각의 프레임워크마다 개발 철학과 정책이 있고, 용도에 따른 목적이 다르기 때문에 어떤 프레임워크가 가장 좋다고 판단하는 건 어렵습니다. 저는 'Jindo'가 잘 만들어진 자바 스크립트 프레임워크 중 하나라고 생각합니다. 아무래도 jQuery가 유명하다 보니 Jindo와 많이 비교하는데, 그렇다고 해서 Jindo가 평가 절하될 이유는 없다고 생각합니다. 예를 들어 jQuery는 메소드 체이닝$^{Method\ chaining}$이 됩니다. 메소드를 연결해서 쓸 수 있는 기능으로서, 코드를 작성할 때 편합니다. 하지만 만약 메소드 체이닝이 된 메소드에서 오류가 발생하면 원인을 찾기 어렵습니다. 특히 개발 담당자가 자주 바뀌는 다소 큰 프로젝트에서 메소드 체이닝을 사용하면 유지보수가 힘들어질 수도 있습니다. 그래서 Jindo는 메소드 체이닝을 권장하지 않으며, 이것은 개발 철학의 차이라고 생각합니다.

사회학 공부를 시작한 이유가 궁금합니다

기술적으로 뛰어난 서비스도 당연히 의미가 있습니다. 그러나 진짜 가치는 사회적 의미가 있어야 한다고 생각합니다. 기술적 진보도 필요하지만, 사람들이 실제로 사용하는 건 오래된 기술을 적용했더라도 사용하기 쉽고 편리한 제품입니다. 최근 사람들이 스마트폰, 앱 스토어, 터치 기술 등에 열광하고 있지만 이것들은 갑자기 나타난 혁신적인 기술이 아닙니다. 이미 오래전부터 사용된 기술들이죠. 피처폰에서도 앱을 다운로드해서 사용했었고, 최근 몇 년 전부터 매우 중요하게 여겨지고 있는 Ajax 기술 역시 2000년부터 사용되어온 것입니다. 10년이 지난 지금에서야 주목을 받고 있을 뿐이죠.

이처럼 인터넷 서비스를 만들고 그것을 통해서 가치를 창출하려면 사람들이 무엇을 필요로 하는지를 알아야 합니다. 사람들에게 "당신은 무엇이 필요합니까?"라고 물어서 나올 수 있는 답이 아닙니다. 사람들 대부분은 자신이 무엇을 원하는지 모르거든요. 우리 사회가 왜 지금과 같이 만들어졌고 현재 어떤 흐름 속에 있는지 알아야 합니다. 아이폰이라는 제품이 사람들이 갖고 싶어 해서 만들어진 게 아니라, 만들어졌기 때문에 사람들이 갖고 싶어 하는 것과 같은 이치입니다.

제가 공부하는 사회과학은 이 세상의 다양한 시각을 분석하는 학문입니다. 사회과학이 사회철학과 다른 점이 바로 이것이기도 합니다. 객관적인 데이터와 근거를 토대로 가설을 세우고 누구나 인정할 수 있는 논리적 이론을 만들어내는 것입니다. 그렇게 해서 사회를 더 잘 이해하면 더 좋은 제품을 만들 수 있다고 생각합니다. 제조업은 기술만 뛰어나면 됩니다. 예를 들어 화장지를 만든다면 화장지로서의 그 능력을 극한으로 끌어내면 되죠. 저렴하고 부드러우면서도 몸에 좋고 친환경적인 제품을 만들면 되는 것입니다. 그런데 스마트폰 같은 휴대 전화기는 제조업의 관점에서 접근해서는 안 됩니다. 기기 안에 소프트웨어가 들어간다면 그건 공학적으로만 다뤄서는 안 된다는 의미입니다. 반드시 인문학을 접목해야만 하죠.

본받고 싶은 사람이 있다면 소개해주세요

일본 Ajax 개발팀의 박종운 팀장님입니다. 업무를 하다 보면 여러 부서와 협업을 하기 마련입니다. 우리 팀의 입장이 있고, 상대 팀의 입장이 있을 것입니다. 또한, 윗분들과 팀원들이 보내는 압박도 무시하지 못하죠. 박종운 팀장님은 그 가운데에서 조율을 잘하십니다. 그러면서도 팀원들이 스트레스받지 않도록 많이 배려해주기도 하시죠. 배려만 하다가는 일을 못 하게 되고, 압박만 해서는 팀이 와해될 수 있는데 박종운 팀장님은 팀장의 역할을 균형 있게 무척 잘하십니다. 저도 훗날 박 팀장님 같은 팀장이 되고 싶습니다.

추천하고 싶은 책이 있나요?

브루스 커밍스Bruce Cumings 교수의 『브루스 커밍스의 한국 현대사』(창작과비평사, 2001)입니다. 외국인의 시각에서 한국의 근대화 과정을 서술한 책으로, 제가 대학원에서 공부하고 있는 책이기도 합니다. 일본 식민지 시대를 바라보는 우리나라 사람과 일본인의 시각은 서로 다를 것입니다. 다른 한편으로 외국인의 시각에서도 다르겠죠. 이 책을 통해 외국인의 눈에 우리가 어떻게 비쳤는지 알 수 있습니다.

본인만의 개발 철학이 있다면 말해주세요

좋은 제품이라서 많이 쓰는 게 아니라, 많이 쓰이면 그게 바로 좋은 제품이라고 생각합니다. 좋은 제품이 되기 위한 가장 중요한 요소가 바로 사용성입니다. 예를 들어 검색 엔진에서 '한국'을 검색한다고 가정해봅시다. 이때는 한국에 대한 정보를 보고 싶어 하는지, 최근 발생한 사건에 대해 알고 싶은 것인지를 검색하는 시점과 상황에 따라, 사용자가 원하는 걸 적절하게 보여줘야 합니다.

4

"더 잘하고 싶고 더 오래 일하고 싶다면 자기 일에 재미를 느껴야 한다"

웹 서비스를 개발하다 보면 예상치 못한 장애가 발생하기 마련이다. 특히 서버 시스템에서 문제가 발생하는 경우에는 웹 개발자가 대응하기 어렵기 때문에 시스템 엔지니어의 도움을 받는다. 이때, 만약 웹 개발자가 서버 시스템에 대해서도 잘 알고 있다면 장애 대응이 훨씬 수월할 것이다. 동료 개발자가 그 두 가지를 겸비하고 있다면 참 믿음직스러울 것 같다. 내가 만난 김성현 씨가 바로 그런 개발자이다.

**재미를 통해
열정을 만드는 웹 개발자**
김성현
(인터뷰_2012년 9월)

프로필

1999년 KIDC(한국인터넷데이터센터)에서 시스템 엔지니어를 시작으로 카페24, 동아사이언스 등에서 개발자로 일했다. 얼마 전까지 공인인증서 발급기관인 한국정보인증에서 웹 서비스팀장으로 근무했으며, 현재 프리랜서로 활동 중이다.

시스템 엔지니어에서 프로그래머로 방향을 바꾼 계기가 있나요?

KIDC 시스템 운영팀에서 5년 정도 일했습니다. IDC^{Internet data center} 운영시스템을 만들면서 프로그램 개발에 관심을 두게 됐고, 팀장님의 권유로 본격적으로 프로그래머 일을 시작했습니다.

개발자는 프로젝트를 완료한 후 여유가 생기지만 시스템 엔지니어는 프로젝트 일정에 상관없이 늘 긴장해야 합니다. 개발 중일 때에는 시스템을 구축하거나 개발에 지장이 없도록 시스템을 살펴야 하고, 서비스가 출시되면 장애가 발생하지 않도록 계속 모니터링하면서 점검하고 관리해야 하죠.

시스템 엔지니어에 대한 오해와 매력에 대해 말해주세요

시스템 엔지니어가 아무 일 없이 놀고 있다고 생각하는 분이 가끔 있습니다. 그런데 시스템 장애가 일어나지 않는 건 사실 엔지니어가 계속 관리를 하고 있기 때문입니다. 예를 들어 정상적인 인터넷 서비스라면 하루에 몇 차례씩 트래픽이 오르락내리락합니다. 시스템 엔지니어는 이러한 변화를 지켜보다가 문제가 생기기 전에 미리 대처합니다. 마치 무사고 버스 기사와 같은 역할이라고 할 수 있습니다.

만약 장애가 발생하면 그에 대한 일차적 책임이 시스템 엔지니어에게 있습니다. 장애의 원인이 프로그램의 오류일지라도, 미리 시스템 상황을 파악해서 프로그래머에게 알려야 할 책임이 시스템 엔지니어에게 있기 때문이죠. 이처럼 개발자의 잘못도 시스템 엔지니어가 책임져야 하는 경우가 있어서 늘 조심스럽습니다.

그럼에도 불구하고 시스템 엔지니어는 매력 있는 일입니다. 시스템 구축을 완료했을 때, 그리고 트래픽이 폭주했는데도 불구하고 장애 없이 시스템이 잘 동작했을 때 큰 보람을 느낍니다.

쇼핑몰 서비스도 개발하셨는데, 가장 신경 쓴 부분은 무엇이었나요?

2006년에는 '카페24' 쇼핑몰 서비스를 개발했습니다. 쇼핑몰을 이용하는 고객의 입장에서는 상품 화면이 가장 중요하다고 여길 수 있으나, 쇼핑몰 개발자가 가장 신경 써야 하는 부분은 바로 정산과 재고 관리 기능입니다. 그중에서도 정산 부분은 정말 까다롭죠. 정산 금액이 틀리면 기업의 손익에 직접 영향이 미치기 때문에 매우 민감할 수밖에 없습니다. 예를 들어 회원 가입을 하거나 상품을 구매하면 적립금을 지급하고 반대로 상품 구입을 취소하면 적립금을 다시 빼야 합니다. 게다가 이런 부분이 회원 등급과 가격, 상품에 따라 복잡하게 얽혀 있기 때문에 개발하기가 쉽지 않습니다.

공인인증서 발급기관에서 일한 경험이 있는데, 공인인증서의 미래를 어떻게 전망하나요?

제가 근무했던 한국정보인증은 금융 거래 등에 사용되는 공인인증서를 발행하는 회사로, 이런 기관은 국내에 총 5개 있습니다. 공인인증서가 아직은 매우 안전한 편이라, 민감한 개인 정보를 다루는 서비스에 주로 사용되고 있습니다.

앞으로는 공인인증서를 사용할 수 있는 환경이 다양화되거나 반대로 공인인증서를 사용하지 않는 방향으로 나아갈 수도 있을 듯합니다. 예를 들어 한국정보인증에서는 Java를 통해서도 공인인증서를 사용할 수 있도록 하고 있습니다. 반면 독일에서는 공인인증서 없이도 안전하게 금융 거래를 할 수 있죠. 독일은 'TAN 넘버'라는 임의의 숫자가 100개 적힌 종이를 발급 발행합니다. 우리나라에 비유하자면 보안카드 같은 역할을 하는데, 인터넷 뱅킹을 이용할 때마다 번호를 하나씩 사용하고 펜으로 지워나갑니다. 받은 TAN 넘버를 다 사용하면 은행에 가서 다시 발급받고요. 다시 말해서 일회용 보안번호를 이용하기 때문에 간편하면서도 안전한 것입니다. 최근에는 컴퓨터와 연결해서 사용하는 TAN 넘버 단말기도 개발됐습니다. 이처럼 온라인에서 주민등록번호를 입력하거나 공인인증서를 사용하지 않더라도 편리하게 금융 거래를 할 방법은 얼마든지 있습니다.

현재 관심 분야는 무엇인가요?

Java와 Node.js에 대해 좀 더 깊이 공부하고 있습니다. 그리고 안드로이드 앱을 만들고 있습니다. 하이브리드 앱이긴 하지만 ≪더사이언스≫라는 잡지 앱도 제가 만들었습니다.

주로 어떤 개발 언어를 사용하시나요?

시스템 엔지니어로 일할 때에는 주로 펄^{Peal}과 파이썬^{Python}을 사용했습니다. 그리고 웹 개발을 할 때에는 PHP 기반에서 여러 가지 프레임워크를 사용합니다.

PHP 프레임워크 중 추천할만한 것이 있나요?

한국정보인증의 사내 웹 시스템을 개편하기 위해 PHP 프레임워크를 비교한 적이 있는데, 개인적으로는 'Zend 프레임워크'를 추천합니다.

Zend 프레임워크와 함께 살펴볼만한 것이 'CodeIgniter'인데, 이 둘은 각각 지향하는 바가 다릅니다. CodeIgniter는 현재 PHP가 지원하는 수준에서 빠르게 구동되는 걸 목적으로 만든 프레임워크라고 생각합니다. 반면 Zend 프레임워크는 미래 지향적입니다. Zend 프레임워크가 처음 나왔을 때 언론은 "Zend 프레임워크가 PHP를 구할 것인가?"라고 말했습니다. 당시에는 이 문구가 이해되지 않았는데 Zend 프레임워크를 오랜 시간 사용하면서 알게 됐습니다. Zend 프레임워크는 PHP가 가야 할 기술적 방향을 제시하고 있다는 것을 말입니다. 다시 말해서 'PHP는 최소한 이 정도까지 발전해야 한다'는 목표를 제시하고 있는 것이죠.

팀원들에게 Zend 프레임워크와 CodeIgniter 두 가지 프레임워크를 소개하면서 저는 이런 말을 했습니다. "현재만 고려한다면 CodeIgniter가 확실히 좋을 수 있다. 단, 개발자로서 계속 발전하고 싶다면 Zend 프레임워크를 사용해야 한다."

저는 프레임워크 선택도 매우 중요하다고 생각합니다. 물론 모두가 알다시피 Zend 프레임워크는 객체지향 프로그램^{OOP}으로 작성됐고 지금의 PHP로는 살짝 무리가 있는 아키텍처를 갖고 있습니다. 당연히 다른 프레임워크에 비해 다소 무거울 수 있습니다. 그러나 프레임워크의 아키텍처는 그것을 사용하는 응용 프로그래머의 실력에 영향을 미치며, 앞선 기술이 녹아 있는 프레임워크를 사용하는 것이 프로그래머로서의 자기 발전을 위해 좋다고 생각합니다.

추천해줄 만한 책이 있다면 소개해주세요

리누스 토발스$^{Linus\ Torvalds}$의 자서전인 『리눅스 그냥 재미로$^{Just\ for\ fun}$』(한겨레신문사, 2001)를 추천합니다. 책 내용은 다소 지루하나, 제목이 의미하는 바가 매우 큽니다. 리누스 토발스는 그저 재미로 리눅스를 개발했습니다. 세상을 바꾸려는 거창한 목표로 시작한 게 아니었죠. 처음엔 재미로 작게 시작했으나 점차 세상을 바꿀 거대한 무언가가 됐습니다.

재미가 있다는 건 곧 열정이 있다는 말입니다. 다시 말해서 재미 없이는 열정도 없습니다. 「세 얼간이」라는 인도 영화에서 주인공은 "재능을 따라가라. 그러면 성공은 따라올 것이다"라고 말합니다. 영화 속 주인공의 행동은 공학을 매우 좋아하는 '얼간이' 같습니다. 냉장고 같은 제품을 수시로 부수고 망가뜨리죠. 하지만 그 행동 하나하나에 재미와 열정이 묻어 있습니다.

'재능'이란 단어는 '재미', '열정'과 동의어입니다. 하지만 우리는 큰 성공에 대한 강박관념을 갖고 사는 듯합니다. 어떤 일이든 더 잘하고 더 오래 하고 싶다면, 자기 일에 재미를 느끼는 게 가장 중요하지 않을까요.

본인만의 개발 철학이 있다면 말해주세요

저는 실용주의 개발을 지향합니다. 집 마당에 화초 하나 심자고 굴착기를 사용할 필요 없고, 도로에 하수구를 묻는 데 삽을 사용할 수는 없습니다. 상황에 맞는 기술과 언어를 선택할 줄 알아야 한다고 생각합니다.

PART 4
시스템

1

"반복적으로 일어나는 일이 대해서는 절약할 방법을 찾아야 한다"

요리를 하려면 칼이 필요하고, 칼을 사용하기 위해서는 우선 칼을 갈아야 한다. 개발자는 소프트웨어를 만들기 위해 가장 먼저 개발환경을 구축한다. 조연웅은 중학교 3학년 때 웹 개발 환경을 자동으로 구축해주는 소프트웨어 '오토셋'을 만들어 무료로 공개했다. 오토셋은 오늘날 국내 최고의 웹 서버 구축 자동화 프로그램이라는 평가를 받고 있다.

e-Learning 시스템
전문가를 꿈꾸는
조연웅
(인터뷰_2011년 9월)

프로필

2002년부터 고등학생 창업자로 이름을 알렸다. 현재 언어과학에서 개발팀장으로 일하며 국내 수백 개 학교와 기업에서 온라인 교육 소프트웨어로 사용하는 e-러닝 분야의 LMS Learning Management System를 개발하고 있다.

고등학생 창업자로 유명했는데 창업 과정에 대해 설명해주세요

중학교 때부터 컴퓨터에 관심이 많았고 관련한 많은 일을 했습니다. 마침 인터넷 분야에 특성화된 '선린 인터넷 고등학교'를 알게 됐고 자연스럽게 진학했습니다. 제가 입학할 당시 학교에서 창업 센터를 만들었습니다. 저도 창업에 관심 있는 친구들을 모아 동아리를 만들었고 결국 창업까지 하게 됐습니다. 물론 그 과정이 쉽지만은 않았습니다. 우선 사업자등록을 하는 것부터 어려웠죠. "미성년자가 무슨 사업을 하느냐? 넌 못 한다"라는 말을 가장 먼저 들었습니다.

우여곡절 끝에 사업자등록을 마치고 나중에는 법인까지 설립했지만, 그 과정에서 많은 선입견을 견뎌야 했습니다.

창업해서 무엇을 만들었나요?

휴대 전화를 이용해서 서류를 접수할 수 있는 시스템을 만들었습니다. 휴대 전화로 집에 있는 PC를 켜고 PC에 있는 파일을 온라인으로 전송하게 하고 싶었죠. 그래서 PC를 외부에서 명령어로 제어하고 필요한 경우 휴대 전화로 스크린 샷을 전송할 수 있는 '오토홈'이라는 프로그램을 만들었습니다. 이후 오토셋도 개발했고요.

오토셋은 무엇인가요?

오토셋은 2001년, 중학교 3학년 때부터 만들었습니다. 웹 프로그래밍을 하려니 Apache, PHP, MySQL(이하 APM) 등을 설치해야 했는데 매번 설치해야 하는 게 너무 귀찮았습니다. 그래서 APM이라 부르는 것들을 묶어서 배포했습니다. 나중에서야 비슷한 프로그램으로 'APMSETUP'이라는 게 이미 있다는 걸 알게 됐는데, 경쟁심이 생기더군요. 그래서 오토셋에 APM을 관리하는 기능을 추가했습니다.

저는 반복적인 일에 대해서는 시간을 절약할 방법을 찾습니다. 만약 1시간을 투자해서 반복 작업을 줄일 수 있다면, 얼마든지 투자할 수 있다고 생각합니다. 결과적으로 보면 그것이 내게 도움이 되는 것이고, 오토셋이 계속 발전하는 이유이기도 합니다.

오토셋을 만들면서 어려웠던 점은 없었나요?

httpd.conf 파일의 내용은 생각보다 꽤 복잡합니다. 다양한 조건에 맞춰 설정해줘야 할뿐더러 문법도 복잡했습니다. 특히 Virtual Host 관련 설정 부분을 만들 때 가장 힘들었습니다. 어떠한 Virtual Host인지 파악해서 GUI를 통해 관리할 수 있도록 하는 부분이 특히 그랬죠. 하지만 결국에는 오토셋을 통해 Apache, PHP 등의 설정을 거의 다 할 수 있게 됐습니다.

오토셋에 대한 사람들의 반응이 어떻던가요?

사람들 반응은 좋았습니다. 그런데 생각했던 반응과는 조금 달랐습니다. 저는 오토셋을 APM을 관리하는 GUI 도구로 봐주길 바랐는데 사람들은 패키지 설치 프로그램으로 인식했습니다. 지금은 오토셋에 대한 인식이 조금씩 변하고 있어서 다행이라고 생각합니다.

또 다른 한편으로는 일부 온라인 게임 이용자들이 오토셋을 이용해서 불법 게임 서버를 운영했습니다. 저는 순수하게 웹 프로그램 개발을 돕기 위해 만들었는데 불법 서버 운영에 사용되면서 오토셋 사용자 카페가 폐쇄되기도 했습니다. 그 후로 오토셋 관리에 더 신경 쓰고 있습니다.

반대의 경우도 있었습니다. 오토셋을 배포하면서 활용 강좌를 많이 공개했는데, 어떤 분께서 매우 고맙다며 선물을 보내주셨죠. 그땐 정말 뿌듯했고 보람을 느꼈습니다.

가장 기억에 남는 프로젝트가 있다면 소개해주세요

최근 회사에서 문제은행 시스템을 다시 만들었습니다. 예를 들어 시험에 내는 문제들을 미리 10~20만 개 이상씩 데이터베이스에 입력하고, 그중에서 20개를 뽑아 하나의 시험지로 만드는 작업을 자동화하는 것입니다. 이로써 이용자는 문제의 난이도와 유형을 지정하여 온라인으로 시험을 치를 수 있게 됐습니다.

문제를 자동으로 출제하기 위해서 다양한 조건을 주는데 이러한 조건을 맞추는 게 매우 어렵습니다. 시험 문제의 특성상 세 문제가 하나가 된다거나, 지문 하나에 다섯 문제가 출제되는 등 문형이 많죠. 그래서 지금까지 만들었던 어느 프로그램보다 힘들었고, 또 그만큼 성공했을 때 희열도 느꼈습니다.

우리나라 온라인 교육 e-Learning 은 어떤 모습인가요?

온라인 교육은 미국에서, 항공모함에 탄 군인들을 교육하려는 목적으로 시작됐습니다. 이때 SCORM이라는 표준을 책 네 권으로 만들었습니다. 콘텐츠를 탑재하는 방법, 콘텐츠와 시스템간 통신 방법 등을 담고 있습니다. SCORM을 한마디로 말하면 "콘텐츠를 재활용할 수 있게 하자"입니다. 예를 들어서 표준에 맞게 각각 따로 만든 콘텐츠를 조합하면 새로운 또 하나의 콘텐츠가 만들어지는 거죠. 그런데 우리나라의 콘텐츠는 일명 '통 플래시'로 만듭니다. 즉, 재활용 불가능한 콘텐츠입니다.

온라인 교육 기술의 미래를 전망해본다면요?

PC와 휴대 기기가 연동될 것입니다. 예를 들어 집에서 PC로 1번 문제를 풀고 밖에서 휴대 기기로 2번 문제를 푸는 거죠. 반대로, 이동하며 학습한 내용을 집에 와서 연결해 복습하는 것도 가능할 것입니다. 또 인공지능이 접목될 것 같습니다. 음성 인식 기술을 통해서 한국인이 하기 어려운 발음을 선생님 대신 컴퓨터가 교정해주는 식입니다. 그러면 일방적인 정보의 전달이 아니라 소통이 이루어지겠죠.

본인만의 개발 철학이 있다면 말해주세요

일을 하다 보면 짜증이 나기 마련입니다. 하지만 피하지 못하면 즐기라고 하지 않습니까. 일을 즐기면서 하고 싶습니다. 그리고 위기는 항상 옵니다. 하지만 어떻게 받아들이느냐에 따라 위기는 기회가 될 수도 있다고 생각합니다. 위기라고만 생각하지 말고 멀리 내다보는 건 어떤가요. 열정적으로 열심히 한다면 즐겁게 헤쳐나갈 수 있을 것입니다.

어떤 회사를 만들고 싶으세요?

직원들이 행복한 회사를 만들고 싶습니다. 돈을 잘 벌려면 직원들이 제품을 만들면서 행복감을 느껴야 합니다. 직원들이 행복하다면 주인의식을 느끼게 될 것이고, 누군가 시키지 않아도 스스로 찾아서 일할 것으로 생각합니다.

3년 후의 본인 모습을 그려본다면 어떨 것 같은가요?

온라인 교육 시스템 전문가로 이름을 알리고 싶습니다. 그동안 여러 분야를 경험하고 지금 회사에서 6년간 일하며, 온라인 교육을 내 전문 분야로 만들어야겠다고 생각했습니다. 미래에 국내 온라인 교육 시스템 일인자로 인정받고 싶습니다.

2

"내가 알고 있는 정보 대부분을 공개하려고 노력한다"

우리는 밤이 되어 어두워지면 자연스레 전등을 켠다. 평소에는 전등에 불이 들어오는 것을 당연한 현상이라고 느끼지만, 만약 정전되어 불이 들어오지 않는다면 그제야 전기의 존재를 인식한다. 우리가 당연하다고 생각하는 것을 제공하기 위해서 시스템 엔지니어는 밤낮을 가리지 않고 뛰어다닌다. 고객들이 자신들의 존재를 인식하지 못하도록 하는 엔지니어가 가장 뛰어난 엔지니어이기 때문이다.

경험을 나누며 사는 시스템 엔지니어
김혁중
(인터뷰_2011년 12월)

프로필
이른 나이에 시스템 엔지니어의 삶을 시작했으며, 창업을 통해 사업적으로도 성공을 거두어 경영 능력도 겸비한 개발자다. 현재 심플렉스인터넷 서버 개발팀에서 카페24 쇼핑몰 호스팅 시스템을 설계하고 있다.

시스템 엔지니어를 시작한 계기를 말해주세요

2002년에 웹 호스팅 시장이 급성장하기 시작했습니다. 무료 웹 호스팅도 많아졌고 1만 원짜리 웹 호스팅에서 1천 원짜리 웹 호스팅으로 급속히 옮겨가는 시기였죠. 이론보다 현장 경험을 얻고 싶다는 생각에 서버 두 대를 마련해서 창업했습니다. 여러 커뮤니티 게시판에 홍보 글을 올리고 파격적인 프로모션을 진행하면서 고객을 모았죠. 창업 1년 만에 서버 600대, 누적 유료 회원 11만 명을 달성했습니다. 당시에는 개인사업자였고 혼자서 모든 서버를 관리했습니다. 자동화 시스템에 의존해서 서버를 관리했는데 소비자가 늘면서 상품도 다양하게 제공해야 하고 소비자 서비스도 해야 했기 때문에 서울에 사무실을 열고 직원을 채용했습니다. 창업 4년째 되던 해에 법인으로 전환했고 매출 35억 원을 기록했습니다. 2006년 12월, 병역의무를 다하기 위해 대표이사직을 퇴임했습니다.

창업 당시 기억에 남는 일이 있나요?

창업 당시 저는 고작 17살이었습니다. 법인 전환을 했을 때는 19살이었죠. 모든 게 다 어려웠습니다. 그때는 어느 웹 호스팅 기업이든지 막 시작하는 단계였습니다. 저 역시 처음으로 실전 경험을 쌓기 시작했기 때문에 노하우가 전혀 없었습니다. 사업을 하다 보니 자동화 시스템이나 고객 응대에도 일정한 패턴이 있다는 걸 알게 됐습니다. 파악한 패턴을 모두 정리했고 국내 최초로 IRC$^{Internet\ Relay\ Chat}$를 통한 자동 고객 응대 시스템을 제공했습니다. 문서로 된 FAQ는 정리를 아무리 잘해도 수백 개가 넘으면 복잡하게 느껴지기 때문에 고객이 잘 보지 않습니다. 그래서 사람들이 편하게 찾을 수 있도록 FAQ의 내용을 채팅 형식으로 만들기도 했습니다.

다시 창업하고 싶은가요?

어린 나이에 평범하지 않은 삶을 살았습니다. 그래서인지 지금은 일반적인 직장에서 안정적인 일을 하고 싶습니다. 일찍 대표이사가 됐기 때문에 사회생활을 깊게 경험할 수 없었습니다. 대표이사 퇴임 후에는 인터넷 서비스 업체에 사원으로 입사했습니다. 열심히 일해서 팀장으로 승진했는데 경영할 때와는 다른 책임감을 느꼈습니다. 당시 제 상관은 대기업에서 오신 과장님이셨는데, 그분께 조직 문화가 어떤 것인지, 문서는 어떻게 쓰는지 등을 처음부터 다시 배웠습니다.

시스템 엔지니어로서 어떤 노력을 하고 있나요?

남들이 2시간 만에 배울 수 있는 걸 저는 4시간을 배워야 합니다. 남들보다 노력을 많이 해야 하는 편이죠. 그래서 미리 준비하는 습관이 있습니다. 남들보다 먼저 문제점을 파악하고 분석해두죠.

또한, 사람의 기억력이란 게 한계가 있기 마련이라 저만의 지식 데이터베이스를 만들고 있습니다. 인터넷에서 검색하면 많은 내용이 나오지만 그중에는 잘못된 정보도 많습니다. 게다가 그 정보들을 어디까지 믿을 수 있는지 해보기 전에는 알 수 없기도 합니다. 그리고 시스템은 OS, 라이브러리 등 환경 조건의 영향을 받기 때문에 직접 해보고 꼭 기록해둡니다.

마지막으로 여러 커뮤니티에 올라오는 글을 많이 봅니다. 간접경험을 하는 것인데요. 다른 개발자들은 어떤 문제를 겪는지, 또 그것을 어떻게 해결을 했는지를 보고 나름대로 정리합니다. 나중에 시간이 나면 문제를 재현해서 내 경험과 지식으로 만듭니다.

시스템 엔지니어 커뮤니티의 필요성에 대해 어떻게 생각하나요?

최근 커뮤니티가 많이 줄어서 안타깝습니다. 정보 공유의 공간이 커뮤니티 형식으로 발전하면 잘못된 이론이나 정보를 다른 누군가가 수정해줄 수 있습니다. 하지만 트위터나 블로그 등에 올라온 잘못된 정보는 다른 누군가가 수정해줄 수 없죠.

국내에 커뮤니티가 활성화되지 않은 이유는 아마도 시스템 엔지니어의 직업적 특성 때문인 것 같습니다. 트러블 슈팅Trouble Shooting이나 팁, 그 하나하나가 경쟁력으로 작용할 수 있기 때문에 아마 공개를 꺼리는 것이겠죠. 하지만 그런 정보를 아깝다고 생각해서는 안 됩니다. 실무를 하다 보면 설명서대로 문제가 발생하지도, 해결되지도 않습니다. 비슷한 것 같지만 다양한 경우의 수가 존재합니다. 공개한 해결 방법이 어떤 과정에 의해 도출됐는지는 직접 해본 자신만이 알죠. 결국, 스스로 해결한 자신에게 도움이 됩니다.

다른 한편으로는 다양한 정보가 커뮤니티를 통해 공개되어야만 새로운 시스템 엔지니어들이 많이 나타날 수 있습니다. 커뮤니티가 없다는 건 결국 현업 시스템 엔지니어에게 좋지 않은 결과로 돌아옵니다. 일손은 부족한데 사람이 없으니 힘들게 일하게 되는 것입니다. 예를 들어 레시피를 공개하면 많은 사람이 요리에 관심을 두게 되고, 더 좋은 레시피도 나올 수 있으며, 결국 훌륭한 요리사가 탄생할 수도 있는 것입니다. 그래서 저는 알고 있는 정보 대부분을 공개하려고 노력합니다.

'카페24'에서는 무슨 일을 하나요?

지금 주로 하는 일은 서버 관리입니다. 서버 데몬 사용 방법 및 설정 방법, 기본적인 튜닝, 트러블 슈팅 등 전반적인 일을 하고 있습니다. 시스템 설계도 맡고 있습니다. 예를 들어서 최근 nginx의 인기가 굉장히 높아졌는데 상황에 따라서는 아파치가 더 좋은 선택인 경우도 많습니다. 이렇듯 저는 다른 프로그램의 특성들을 파악해서 최적의 시스템을 구성하는 일을 합니다. 그래서 끊임없이 공부해야 합니다. 늘 새로운 애플리케이션 소식에 귀를 기울여야 하죠. 제가 만약 잘못된 가이드라인을 제시할 경우 수백 대가 시스템 장애에 빠질 수 있기 때문에, 시스템을 충분히 이해하는 게 무척 중요합니다.

시스템 장애 발생 시 시스템 엔지니어에게 요구되는 역할은 무엇인가요?

장애가 발생하면 저는 시스템 엔지니어 입장에서 제가 설계한 시스템의 무결성을 입증해야 합니다. 그래서 항상 공부해야 하죠. 처음에는 프로그래밍을 좋아하지 않았는데 무결성을 입증하려면 결국 소스코드를 분석해야 합니다. 때에 따라서는 디버깅도 해야 하고요. 프로그래머처럼 프로그램을 만들지는 않더라도 프로그램의 문제를 분석할 수 있을 정도의 프로그래밍 실력은 시스템 엔지니어에게도 필요한 것 같습니다. 그렇게 분석하다 보면 시스템을 더 깊게 이해할 수 있기 때문에 선순환이 이루어집니다.

시스템 엔지니어로서 중요하게 생각하는 건 무엇인가요?

시스템 엔지니어가 가장 중요하게 이해하는 부분은 운영체제입니다. 우분투Ubuntu는 우분투답게, 젠투Gentoo는 젠투답게 사용할 줄 알아야 합니다. 즉, 운영체제의 방향성을 이해해야 한다고 생각합니다. 운영체제의 방향성이라는 건 운영체제마다 설정 파일 위치만 다른 게 아니라, 구동 시스템과 아키텍처가 다르다는 것입니다. 각 운영체제의 아키텍처 차이를 이해하고 운영체제를 용도에 맞게 잘 사용하면 불필요한 문제를 줄일 수 있을 것입니다.

독서량은 많은 편인가요?

저는 책을 잘 안 읽습니다. 책을 싫어하는 건 아닙니다. 다만 직업적 특성상 최신 정보를 빠르게 습득해야 해야 하는데 그런 정보들이 책으로 나오거나 우리말로 번역될 때까지 기다리면 이미 늦습니다. 그래서 주로 릴리즈 노트, 체인지 로그, 개발자들이 올려주는 온라인 레퍼런스 등의 온라인 문서를 읽는 편입니다.

3년 후의 본인 모습을 그려본다면 어떨 것 같은가요?

현재 무중단 시스템과 분산 파일 시스템에 대해 연구하고 있습니다. 3년 후에는 이들 분야에서 원하는 바를 얻을 수 있기를 바랍니다. 이미 분산 파일 시스템이 많긴 하지만 뭔가 하나씩 부족하거든요. 여러 파일 시스템의 약점들을 보완한 'ceph'라는 프로젝트가 현재 리눅스 공식 커널에도 채택되어 개발 중입니다. 신규 버전이 올라올 때마다 확인하고 직접 버그 리포팅도 하고 있습니다.

시스템 엔지니어를 꿈꾸는 사람들에게 조언 한마디 부탁드립니다

시스템 엔지니어의 생활은 무척 불규칙합니다. 장애가 언제 어떻게 발생할지 모르기 때문에 24시간 대기해야 하는 직업이죠. 물론 잘 구분된 회사들은 관제팀이 따로 있지만, 그런 경우에도 결국 시스템 엔지니어가 손을 봐야 합니다. 그래서 이 직업을 선택할 때 가장 중요한 건 적성이라고 생각합니다. '시스템 엔지니어'라는 이름만 보고 직업으로 선택하지 않기를 바랍니다. 시스템 엔지니어가 실제로 무슨 일을 하는 사람인지 꼭 알아보고 시작하세요.

3

"일단 시작하라. 스스로 발전하려는 의지가 있다면 그것만으로 충분하다"

오픈 소스 개발자 조현종은 오픈 소스 개발을 위해 회사를 그만두었다. 신념 하나로 걷기 시작한 길이라고 한다. "내가 아니면 누가 이 길을 걷겠는가. 전 세계에서 인정받는 오픈 소스 소프트웨어로 만들고 싶다." 그의 바람이다.

내일의 빛을 만들고 싶은 오픈 소스 개발자
조현종
(인터뷰_2013년 4월)

프로필

서버 사이드 애플리케이션을 주로 개발해왔다. 현재 2012년 공개소프트웨어개발자 대회에서 대상을 받은 'Tadpole DB Hub'를 세계 최고의 DBMS 관리 도구로 만들기 위해 전력을 다하고 있다.

Tadpole DB Hub에 대해 설명 부탁드립니다

Tadpole DB Hub는 웹 기반 DBMS 관리 솔루션입니다. SQL 쿼리를 실행할 수 있고, 데이터베이스 시스템을 관리하고 모니터링할 수 있습니다. 또한, ERD도 자동으로 그려줍니다. 현재는 큐브리드^{CUBRID}, MySQL, 오라클, Postgresql, MongoDB 등을 지원하고 있으며, 이클립스 프레임워크를 사용해서 구현했다는 것이 특징입니다. 2012년에는 이 프로그램으로 지식경제부 주최의 공개소프트웨어개발자대회에서 대상(장관상)을 받았습니다.

Tadpole DB Hub를 만들게 된 계기가 있었나요?

2011년 JCO$^{JavaCommunity.Org}$ 자바콘퍼런스에서 이클립스 RAP$^{Remote\ Application\ Platform}$에 대해 발표할 기회가 있었습니다. 시연을 해야 하는데 당시에는 외국에서 만든 것들뿐이었습니다. 그래서 시연용으로 만든 게 바로 'Tadpole DB Hub'입니다. 2012년 5월에 퇴사를 하고 Tadpole DB Hub 개발에 전념하고 있습니다. 앞으로 클라우드 같은 온라인 환경이 커질 것이고, 더 얇고 가벼운 단말기가 보편화되면 웹 애플리케이션이 차지하는 비중 역시 더욱 커질 것입니다. 그러한 변화 속에서 Tadpole DB Hub가 DBMS 관리 솔루션으로서 중추적인 역할을 할 수 있도록 만들고 싶습니다.

이클립스 프레임워크의 장점은 무엇인가요?

이클립스는 우리가 오랫동안 사용하고 발전시켜온 프레임워크입니다. 그러한 사용성을 애플리케이션 개발에 그대로 적용할 수 있고 관련 자료도 많습니다. 또한, 이클립스 RAP를 사용하면 이클립스 UI를 웹 기반으로 자동으로 변환할 수도 있습니다. 예를 들어 모바일용 프레임워크를 사용하면 하나의 프로그램을 iOS와 안드로이드 환경 모두에서 구동할 수 있죠. 마찬가지로 이클립스 프레임워크를 통해 프로그램을 작성하면 데스크탑 애플리케이션과 웹 애플리케이션으로 만들 수 있습니다. 특히 레포팅 도구인 BIRT^Business Intelligence Reporting Tools와 그래픽 도구인 GEF^Graphical Editing Framework 등을 그대로 쓸 수 있기 때문에 비즈니스용 소프트웨어를 만들 때 용이합니다.

오픈 소스 개발을 하면서 힘든 점은 무엇인가요?

혼자 작업한다는 게 무척 외롭고 가장 힘듭니다. 가끔은 회사 다닐 때의 동료들이 그립기도 하고요. 커미터^Committer가 네 분 계시긴 한데 저를 제외한 다른 분들은 직장에 다니시다 보니 아무래도 혼자 해야 할 일이 많습니다.

저는 오픈 소스라고 해서 의미 없이 기여를 해야 한다고는 생각하지 않습니다. 당연히 오픈 소스도 비전이 있어야 합니다. 그런 면에서 Tadpole DB Hub가 앞으로 좋은 성과를 보여드리면 참여자도 늘어날 거라고 믿습니다.

회사를 그만두면서까지 오픈 소스를 하는 이유는 무엇인가요?

궁극적으로는 제가 좋아하는 것을 만들기 위해 퇴사했습니다. 그동안 제가 돈을 벌며 잘 살 수 있게 해준 것이 바로 이클립스라는 오픈 소스 소프트웨어입니다. 수년간 무료로 사용하고 있음에도 불구하고 돈을 지불해본 적이 없습니다. 물론 이클립스 재단에 적은 금액이나마 기부하는 분도 계시겠지만, 우리가 받은 것에 비하면 아주 작게 느껴졌죠. 그래서 저 나름대로 국내에서 오픈 소스와 커뮤니티 활동을 하며 갚고 있는 것입니다.

국내 오픈 소스 발전을 위해 바라는 점이 있다면 말해주세요

물론 후원금도 중요합니다. 하지만 그것보다는 기업 안에서 개발자들이 많은 것에 도전할 수 있는 문화와 여유가 제공된다면 더 좋겠습니다. 저는 오픈 소스 자체가 중요하다고는 생각하지 않습니다. 다시 말해, 오픈 소스는 결과물의 형태인 것이지요. 개발자들이 무엇이든 도전하고 만들 수 있는 환경을 제공하는 게 먼저라고 생각합니다. 개발 결과물을 상업용으로 팔 것인지 또는 무료로 공개할 것인지는 나중에 결정해도 좋을 것 같습니다. 그리고 국내 오픈 소스 커뮤니티에 소소하게라도 후원을 해주시기를 바랍니다.

HA 시스템을 만드셨다는데, 어떤 시스템인가요?

맨텍이라는 회사에 다닐 때, 이중화 시스템을 만들었습니다. 이중화 시스템은 서비스 중인 서버(라이브 서버)와 대기 중인 서버(스탠바이 서버)로 구분할 수 있는데, 만약 서비스 중인 서버에 문제가 생기면 대기 중인 서버가 동작합니다. 당시에는 HA(High Availability) 시스템 관련 자료가 부족하여 외국 솔루션을 따라 하는 것부터 시작했습니다. 이후 GS 인증도 받고 대한민국 소프트웨어대상에서 입상도 했습니다.

HA 시스템의 특징은 무엇인가요?

서비스 중인 서버와 대기 중인 서버 간의 상태를 지속적으로 확인합니다. 만약 서버 간에 응답이 없으면 라우터의 상태를 다시 확인합니다. 그럼에도 응답이 없으면 네트워크가 끊어진 것으로 판단하고 시스템을 재시작하거나 스탠바이 서버가 라이브 서버를 대신하여 서비스에 투입됩니다.

어떤 코드를 좋은 코드라고 생각하나요?

좋은 코드란 사용자가 보기 쉬운 코드라고 생각합니다. 훌륭한 디자인 패턴을 적용했더라도 그 코드를 봐야 하는 사람이 이해하기 어려워한다면 좋은 코드라고 할 수 없습니다. 물론 예외도 있죠. 예를 들어서 매우 빠른 속도를 목적으로 하는 프로그램이라면 보기 좋은 것보다 성능을 높이는 코드가 더 좋은 코드일 것입니다. 하지만 그러한 목적성 프로그램은 전체의 일부분일 것이고, 그것을 둘러싼 일반적인 코드까지도 어렵게 작성할 필요는 없을 것 같습니다.

본인만의 개발 철학이 있다면 말해주세요

저는 저 자신을 'Coder'라고 소개합니다. 사람들과 이야기를 나누다 보면 아키텍트Architect는 매우 높은 사람이고 코더는 낮은 사람이라고 생각하는 경향이 있습니다. 그런데 그게 무슨 소용일까요. 각자 자신의 역할을 잘하는 사람이라면 뛰어난 사람이고 충분히 인정받아야 합니다. 또한, 누군가는 반드시 코드를 작성해야 하죠. 개발자들은 관리자들이 엔지니어를 낮게 본다며 불만을 품지만, 정작 엔지니어들도 '나는 아키텍트니까 너보다 위야'라고 생각하고 있는 듯합니다. 각각의 역할별로 의미가 있다는 것을 인정하고 서로 존중했으면 합니다.

오픈 소스를 하고 싶어 하는 분들에게 조언 한마디 부탁드립니다

"일단 시작하라"고 말씀드리고 싶습니다. 본인의 실력이 어떤지는 전혀 중요하지 않습니다. 일단 만들어서 내놓는 게 중요하죠. 아무리 작은 모임에서라도 실력으로 사람을 나열하면 최고와 최저는 어디서나 존재합니다. 그러므로 본인 실력이 최저라는 생각이 들더라도 그것에 연연할 필요 없습니다. 스스로 발전하려는 의지가 있다면 그것만으로 충분합니다.

4

"신뢰성은 세상의 무엇과도 바꾸지 않는다"

출근하려면 출입증으로 문을 열어야 하고, 고속도로에 진입하려면 요금소를 통과해야 한다. 버스를 타기 위해서는 교통카드를 찍어야 한다. 펌웨어 개발자 강동옥은 우리가 수없이 반복하는 일상 속에서 이 모든 단계를 지나갈 수 있도록 한다. 그가 만드는 제품은 신뢰성이 최우선이다. 그래서 그는 제품의 신뢰성을 위해 직접 400여 가지 검사항목을 만들어 테스트한다. 그가 만든 제품은 전 세계 최고로 인정받고 있다.

세상의 문을 열게 하는 펌웨어 개발자
강동옥
(인터뷰_2011년 11월)

프로필

전자공학을 전공했으며, 회로 설계부터 펌웨어 firmware 개발까지 모두 아우르는 실력과 경험을 가진 개발자다. 현재 듀얼아이 하드웨어 연구소에서 8년 가까이 보안 시스템, 교통카드 등에 사용되는 스마트카드 장비를 개발 중이다.

펌웨어 개발자는 소프트웨어 개발자인가요, 하드웨어 개발자인가요?

원하는 대로 프로그램을 만들려면 펌웨어 개발자는 하드웨어의 특성을 완전하게 알아야 합니다. 예를 들어 칩chip의 기능을 잘 활용하기 위해서는 그 특성을 매우 잘 알아야 하며, 그래야만 만들고자 하는 제품을 완성할 수 있기 때문입니다. 즉, 소프트웨어 개발과 하드웨어 개발로 나누어 두 사람이 하는 것보다, 한 사람이 하드웨어 설계와 소프트웨어 설계를 아우르는 게 효율적이며 그럴 때 좋은 성능도 기대할 수 있습니다.

또한, 제품을 완성하고 나서 펌웨어 테스트를 할 때에도 하드웨어를 직접 다뤄야 하기 때문에, 펌웨어 개발자는 하드웨어를 완전히 이해해야 합니다.

제품을 만들 때 무엇을 가장 신경 쓰나요?

일반적인 소프트웨어와는 달리 제품에 문제가 생기면 전국으로 출장을 다녀야 합니다. 그렇게 출장을 다니면 비용이 너무 많이 들기 때문에 되도록 펌웨어를 자동으로 업데이트할 수 있게 만듭니다. 펌웨어 다운로드 테스트도 철저하게 하고요. 그래서 기기가 펌웨어를 다운로드하는 도중에 담당자가 전원을 내리거나 정전이 되는 경우에도 바이오스가 문제없이 살아 있도록 하며, 기기가 다시 켜졌을 때 펌웨어 업데이트를 정상적으로 재시도하도록 만듭니다.

한국도로공사에서 사용 중인 고속도로 카드단말기를 예로 들어보겠습니다. 저는 오류 가능성을 최소화하고 품질을 높이기 위해 직접 400여 가지의 검사 항목을 만들어서 모든 검사를 통과한 경우에만 제공하고 있습니다. 제품 개발 과정에서 테스트에 들이는 시간만 해도 전체의 절반이 넘습니다. 이처럼 저는 제품의 기능을 만드는 것보다 안정성 테스트를 더 중요하게 생각합니다.

하드웨어적으로 보자면, 기기가 벼락을 맞는 경우가 많습니다. 그래서 전기 충격에 대한 기준이 있죠. 이 기준에 따르면 약 2만 볼트부터 10만 볼트의 전기를 이용해

1~3초 간격으로 계속 충격을 가했을 때에도 기기가 정상적으로 동작해야 합니다. 그렇지 않으면 테스트를 통과하지 못합니다. 우리는 이러한 외부 충격을 이중, 삼중으로 방어하도록 만듭니다.

스마트카드 기술에 설명해주세요

스마트카드는 전원 장치가 없습니다. 그런데 스마트카드를 단말기에 대는 순간에 카드 내부의 회로가 동작해야 하죠. 그렇다면 어디선가 전원을 받아야 할 것입니다. 비밀은 공진 주파수입니다. 13.56MHz RFID$^{\text{Radio-Frequency Identification}}$의 공진 주파수를 통해 단말기와 스마트카드가 서로 공진하게 되면, 순간 전원이 들어오고 카드가 동작하는 것입니다. 요즘에는 자바^{Java} 카드라고 해서 스마트카드에 프로그램을 탑재할 수도 있습니다.

개발을 하며 가장 힘든 점은 무엇인가요?

가장 힘든 건 역시 의도한 대로 동작하지 않는 경우입니다. 최근에 구형 제품을 업그레이드 한 일이 있는데, 구형 제품은 디버깅이 다소 어렵습니다. 테스트 절차가 매우 복잡해서 추측만으로 어디서 에러가 발생하는지 찾아야 했죠. 그게 너무 어려웠습니다.

펌웨어 개발자가 되려는 분들에게 조언 한마디 부탁드립니다

일단 전자공학을 전공하는 게 좋습니다. 회로와 제어에 대해 공부해야 하거든요. 그리고 어떤 회사에 들어가는지가 가장 중요합니다. 저는 지금 회사가 적성에 맞고 재미있어서 만족합니다.

다른 사람이 만든 전자제품을 보고서 '이건 나도 만들 수 있겠다'라는 생각이 드는 게 제 직업의 매력입니다. 제품을 뜯어볼 필요도 없이 대부분은 그냥 만들 수 있습니다. 관건은 '안정성을 어떻게 확보하고 제품 단가를 얼마나 낮출 수 있느냐'입니다. 예를 들어 제가 만들면 10만 원 이상의 비용이 드는 데 반해, 어떤 사람은 1~2만 원에 만들었다면 정말 놀랍고 신기하죠.

언제 본인의 일에 자부심을 느끼나요?

요즘 우리 회사는 이미지 인식 기술에 관련된 제품을 만들고 있습니다. 공항에서 사용하는 전자여권 인식기를 우리가 만들었죠. 스마트카드 인식 부분에서는 우리 회사가 세계 최고 등급이라고 자부합니다. 소니나 인피니온 같은 세계적인 회사가 우리 장비를 사용하고 있을 정도죠. 서울시청에서도 우리가 만든 제품을 사용하고 있습니다.

3년 후 본인의 모습을 생각해본다면 어떤가요?

3년 후에는 제가 원하는 하드웨어에 운영체제를 적용할 수 있도록 하는 기술을 습득하고 싶습니다. 예를 들어 매년 새로운 CPU가 출시됩니다. 더 좋은 고성능 제품을 만들려면 최신 CPU를 사용해야 하는데 운영체제가 CPU를 지원하지 않으면 안타깝게도 사용할 수 없습니다. 리눅스나 윈도 같은 운영체제를 하드웨어에 맞게 만들거나 변경하는 걸 포팅porting이라고 하는데, 국내에는 이런 실력을 갖춘 분이 많지 않습니다. 저는 제가 원하는 걸 만들기 위해 하드웨어와 운영체제를 모두 개발할 수 있는 기술을 갖추고 싶습니다.

추천하고 싶은 책이 있나요?

홍세화 씨의 『나는 빠리의 택시운전사』(창작과 비평사, 2006)를 추천합니다. 저자는 일종의 간첩사건에 연루되어 해외 망명을 갔다가 돌아오셨는데, 그 과정에서 이전의 고정관념을 깼다고 합니다. 전에 생각하던 어떤 것들이 프랑스에 갔더니 전혀 달랐다는 게 계기였죠.

이 책에서 가장 중요하게 여기는 단어가 '똘레랑스toérance, 즉 관용'입니다. 본인 생각과 다른 사회를 인정해야 한다고 말하죠. 단, 비관용, 배척, 차별을 제외한 모든 걸 관용합니다. 예를 들어 타인의 생각을 존중하지 않는다거나 억압하려는 행위를 제외한 모든 것을 인정한다는 말입니다. 하지만 현실의 우리 사회는 '다른 것'을 배척하고 있죠.

프랑스의 유명한 작가 볼테르Voltaire는 "너와 나는 생각이 다르다. 하지만 네 생각으로 인해서 네가 탄압을 받는다면 나는 너를 위해서 싸우겠다. 네 생각의 자유를 탄압할 수 없다"라고 말했습니다.

본인만의 개발 철학이 있다면 말해주세요

신뢰성을 세상의 무엇과도 바꾸지 않습니다. 하드웨어의 핵심은 신뢰성입니다. 지폐 인식기를 개발한다고 생각해볼까요? 만약 지폐 인식기가 위폐를 인식하지 못하면 어떻게 되겠습니까. 개발한 제품의 신뢰성이 떨어지면 그 제품은 쓸모가 없습니다. 결국에는 사업을 그만둬야 할지도 모르죠.

후배들에게 조언 한마디 부탁드립니다

개발자는 무엇보다 재미를 느껴야 합니다. 일을 시작할 무렵에는 시키는 일만 하기 쉽죠. 그럴 때 퇴근 후 집에 가서도 계속 하고 싶다는 생각이 들 만한 자기만의 작품을 만들면 좋을 것 같습니다. 저는 요즘 인터넷을 통해서 다른 사람들이 만든 작품을 계속 보고 있습니다. 독일의 어떤 개발자는 도구kit 만든 걸 시연해서 동영상으로 보여주고 그 도구를 팔고 있는데요. 부품도 몇 개 사용하지 않은 것 같은데 정말 대단했습니다. 나도 한번 만들어보고 싶다는 생각이 들었죠.

직업으로 하는 일에 흥미를 느끼면 자연스럽게 취미로 연결되고, 그러다 보면 자연스레 재미를 느끼게 되는 것 같습니다.

직업에 만족하나요?

그럼요, 제 직업에 만족합니다. 재미있게 잘하고 있죠. 다른 사람들은 주로 상위 레벨의 응용 프로그램을 개발하려고 노력하는 편인데, 저는 커널이나 드라이버 개발 분야에 관심이 많습니다. 우리가 하는 일은 응용 프로그램 개발보다 진입 장벽이 높다는 점이 또한 그렇습니다. 개발하려면 디버깅을 해야 하는데 디버깅을 하려면 수백만 원이 넘는 디버깅 장비가 필요하거든요. 단순히 취미처럼 접근할 수 있는 분야가 아니라는 점이 펌웨어 개발의 큰 매력인 것 같습니다.

5

> "뛰어난 선장은 모든 선원이 각자의 일을 잘하고 있는지 관심을 두고 격려하며 함께 나아간다. 난 그런 '선장'이 되고 싶다"

그는 아내를 가장 존경한다. 팀원들의 이야기를 경청하고 자신의 의견을 고집하기보다는 서로의 차이를 이해하려 노력한다. 개발자 강수형은 생각의 차이를 '틀림'이 아니라 '다름'으로 받아들이는 사람이다. 그는 개발팀을 바다를 항해하는 배에 비유하며, 모든 선원이 무사히 항구에 도착할 수 있도록 하는 게 자신의 역할이라고 믿고 있다.

세상의 소식을 흐르게 하는 개발자
강수형
(인터뷰_2012년 4월)

프로필

국내 최초의 인터넷 쇼핑몰인 인터파크 개발에 참여한 개발자다. 인터넷 서점인 '예스24'와 '와우북'의 통합 작업을 비롯하여 다수의 대형 인터넷 상거래 시스템을 개발했다. 현재 NHN에서 네이버 뉴스 개발팀을 이끌고 있다.

프로그래머가 된 계기가 있었나요?

대학에서 전자재료공학을 전공했는데 원래 컴퓨터에 관심이 많아서 3학년 때 컴퓨터공학과와 전자계산학과 수업을 들었습니다. 전자재료공학과에서는 반도체 집적기술을 배우는데, 학과 교수님 중 한 분이 반도체 프로그래밍을 하시는 분이셨습니다. 그분의 수업을 들으면서 프로그래밍에 관심이 더 깊어졌습니다.

대학교 졸업 후 SI 업체에서 일하며 파워 빌더(Powerbuilder)로 만든 준관공서의 기간계시스템을 웹 기반으로 변경하는 작업을 했습니다. 웹 프레임워크에 대해 많이 공부하고 고민할 수 있었던 좋은 기회였습니다.

기술적인 부분 이외에 개발자에게는 어떤 능력이 요구되나요?

예전에 저는 개발자가 아닌 사람들과 이야기할 때도 기술용어를 많이 사용했습니다. 그래서인지 주위 사람들로부터 말이 어렵다는 얘기를 자주 들었죠. 그때 상대방의 눈높이에 맞춰 이야기해야 한다는 걸 알게 됐습니다. 서로 다른 업무를 하는 사람들이 만나서 자기중심적으로 이야기하면 오해가 생길 가능성이 큽니다. 오해가 쌓이면 불신이 되게 마련이고요. 그래서 상대방이 충분히 이해할 수 있도록 쉽게 말하는 게 중요합니다. 그러면 신뢰가 쌓이고 자연스레 더 좋은 결과물이 나올 수 있지요. 이처럼 개발자에게는 기술 관련 능력뿐만 아니라 원활한 소통을 위한 능력도 필요하다고 생각합니다.

팀장으로서 어떤 방향으로 나아가고 싶은가요?

팀장은 모든 구성원이 무사히 일을 끝낼 수 있도록 고민하는 역할을 해야 한다고 생각합니다. 이런 팀장은 배를 책임지는 선장에 비유할 수 있습니다. 선장 역시 처음에는 신입 선원으로 배에 탔을 것입니다. 바닥 청소부터 시작해서 많은 경험을 쌓은 후 선장이 됐겠죠. 선장은 자신의 경험과 지식을 토대로 배가 가야 할 방향을 잡고 무사히 목적지에 도달할 수 있도록 선원들을 이끌어야 합니다. 선장이 단지 방향만 잘 본다고 해서 배가 무사히 목적지에 도달할 수 있을까요? 모든 선원이 각자의 일을 잘하고 있는지 관심 있게 지켜보며 격려하고 도움을 주면서 함께 나아가야 할 것입니다. 저는 그런 선장이 되고 싶습니다.

좋은 제품을 만들기 위해 개발자에게 필요한 능력은 무엇이라고 생각하나요?

자신이 만드는 제품에 대한 이해 수준을 높일 필요가 있다고 생각합니다. 그래야만 완성도가 더욱 높은 제품이 나옵니다. 개발자가 수동적인 태도로 제품을 만들면 프로그램에 오류가 생길 수 있습니다. 기획자가 이상적인 것들을 설계할 때 개발자는 이상과 현실을 다듬는 역할을 해야 합니다. 그러므로 개발 과정에서 기획자들과 함께 프로토타입을 만드는 등 적극적으로 활동할 필요도 있지요. 그 과정에서 자신의 의견을 고집하기보다는 서로의 차이를 인정하고 합의점을 찾아가려는 자세도 필요합니다. 자기 생각과는 다른 이야기를 하더라도 상대방의 의견을 끝까지 들어야 하죠. 그런 다음 자신의 의견을 덧붙여 좋은 방향으로 나아가려는 태도를 가져야 합니다. 자신의 의견만 내세워서는 상대방과 충돌이 일어날 수밖에 없지요. 서로 조금씩 양보하면 좋은 결과를 도출해낼 수도 있고 협업의 재미도 느낄 수 있을 것입니다.

기억에 남는 프로젝트가 있으면 소개해주세요

네이버 뉴스의 관리 시스템을 새롭게 개발한 프로젝트가 떠오릅니다. 개선해야 할 점을 파악하기 위해 관리 시스템을 직접 사용하는 운영팀과 며칠간 함께 생활했습니다. 개발자 입장에서는 알 수 없는 많은 것들을 체험한 기회였지요. 이렇게 수집된 수많은 의견을 토대로 어떻게 하면 더 좋은 시스템을 만들 수 있을지 고민한 결과, 유연하고 확장성 높은 시스템을 만들 수 있었습니다. 이 과정에서 서비스 기획팀과의 원활한 협업이 서비스 완성도를 높였지요. 1년쯤 지난 뒤 운영팀이 '무척 편리하다'고 말해줬습니다. 그때의 감동을 잊을 수가 없습니다. 정말 기분 좋은 경험이었거든요.

최근 관심 분야는 무엇인가요?

HTML 5의 웹 소켓 기술이 보편화되면 지금보다 더 멋진 서비스를 만들 수 있을 것 같습니다. 물론 앞으로 관련된 기술이 더 발전하겠지만, 어떻게 하면 서버 사이드server-side에서 이러한 최신 기술을 잘 제공할 수 있을지 고민하고 있습니다.

감명 깊게 읽은 책이 있다면 소개해주세요

엔지니어를 주인공으로 한 소설 『The Goal』(동양문고, 2002)을 소개하고 싶습니다. 엘리 골드렛이 쓴 이 소설에는 생산 현장에 대한 이야기가 나오는데요. 생산 설비의 한 부분에서 병목현상이 발생하고, 이 때문에 전체적인 생산에 차질이 생겨 회사가 도산 위기에 빠집니다. 그런데 정작 관리자들은 문제 구간을 찾지 못하죠. 이때 엔지니어인 주인공이 병목구간들을 찾고 문제를 해결합니다. 소설은 주인공이 문제를 해결해나가는 과정을 따라가는데, 그 과정이 아주 흥미롭습니다.

존경하는 분이 있나요?

개발자인 제 아내입니다. 제가 기술적인 이야기를 하면 아내는 논리적으로 맞지 않은 부분을 짚어냅니다. 그뿐만 아니라 시간을 내서 직접 해보고 그 결과를 제게 알려주기도 하죠. 오해나 오류를 바로잡을 수 있게 도와주는 것입니다. 아내는 제게 소중한 스승입니다.

취미가 있나요?

개인적으로 Java 기술에 관련된 스터디 그룹에 참여하고 있습니다. 이런 활동을 통해서 새로운 기술을 적용해볼 수 있고 그러면 회사 업무에도 좋은 영향을 줄 것이라고 생각합니다. 기술에 대한 지속적인 자극제가 되고 있기도 하고요.

후배 개발자들에게 조언 한마디 부탁드립니다

피터 모빌Peter Morville의 저서 『검색 2.0 발견의 진화Ambient Findability』(한빛미디어, 2006)에서 말하는 것처럼, 정보를 찾는 능력이 중요한 시대입니다. 옛날에는 무언가를 직접 해보는 게 중요했다면 지금은 본인이 원하는 정보를 잘 찾는 능력이 중요한 시대라는 것이죠. 스스로 모든 걸 만들어볼 수 있다면 참 좋겠지만, 정보도 많고 해야 할 일도 많은 현대인에게는 거의 불가능합니다. 그래서 모든 걸 다 해볼 수 없다는 사실을 인정하며, 자신에게 필요한 정보를 정확히 찾아내는 것이 가장 필요한 능력일 수도 있다고 책은 말합니다.

정보 검색 능력은 개발자에게도 매우 중요합니다. 간단한 달력 라이브러리를 개발해야 할 때, 이미 만들어져 있는 좋은 달력 라이브러리를 찾아 알맞게 변경해서 사용하면 경제적입니다. 물론 직접 만들 수도 있고, 참고한 라이브러리와 원하는 라이브러리의 기능이 완벽하게 일치하지 않을 수도 있습니다. 그러나 이미 있는 것을 확장하면서 얻는 경험과 지식은 클 것으로 생각합니다.

6

"실력이 좋다고 알려진 이들은 절대 평범하지 않았다"

2014년 현재, 우리가 전화를 걸고 받으며, 초고속 인터넷을 사용할 수 있는 가장 큰 이유를 꼽으라면 TDX-10의 개발을 들 수 있다. TDX-10은 전화 회선을 통해 음성과 데이터, 화상 등 대용량의 통신 데이터를 동시에 처리할 수 있는 대형 디지털 교환기이다. 만약 TDX-10이 개발되지 않았다면 우리나라 정보통신 산업이 지금처럼 발전하지 못했을 것이다. 편용헌 개발자는 바로 이 TXD-10을 개발한 장본인이다.

오픈 소스를 통해 세상을 발전시키는 시스템 개발자
편용헌
(인터뷰_2012년 7월)

프로필

우리나라 정보통신 발전에 기폭제 역할을 한 'TDX-10 교환기(한국형 전전자교환기)' 개발을 시작으로 다양한 시스템을 개발해왔다. 1994년부터 FreeBSD 커미터로서 운영체제 발전에 기여하고 있으며, 현재 씨디네트웍스에서 근무하고 있다.

우리나라 정보통신 발전에 기폭제 역할을 한 교환기를 개발하셨는데, 교환기란 정확히 무엇인가요?

전화국에 가면 많은 장비가 커다란 렉^{rack}에 꽂혀 있는 걸 볼 수 있습니다. 이 장비가 바로 교환기입니다. 교환기를 요즘 말로 표현하면 라우터입니다. 아날로그 신호가 디지털 신호로 바뀌어 전화선을 통해 전송되는데, 교환기는 이러한 전기 신호를 목적지까지 중계하는 역할을 합니다. 예를 들어 전화를 걸면 교환기가 어떤 경로로 목적지까지 신호를 보낼지 결정합니다. 인터넷을 쓸 때 회사 안에서는 공유기를 통해 내부에서 라우팅이 되고 외부 서버에 접속할 때에는 WAN$^{Wide\ Area\ Network}$(광역통신망)을 통해 데이터가 전달되는 것처럼, 같은 지역 안에서는 로컬 교환기를 통해 전달되고 시외 전화를 거는 경우 톨 교환기라는 것을 통해 전달됩니다. 그리고 모든 신호는 디지털화된 전기 신호이기 때문에 교환기 입장에서는 음성인지 데이터인지를 구분하지 않습니다.

FreeBSD를 하게 된 계기에 대해 말해주세요

대학원 때 'Sun OS'라는 유닉스를 처음 접했습니다. 졸업 후 KT에 입사했는데 선임 직원들은 워크스테이션을 한 대씩 가지고 작업을 했고 신입 직원들은 안 쓰는 장비를 가져다가 사용했습니다. 당시 저도 유닉스 시스템을 사용하고 싶어서 알아보던 차에 FreeBSD를 알게 됐습니다. 처음에는 리눅스를 설치하려 했는데, 제가 가지고 있는 장비에는 리눅스를 설치할 수 없었죠. 마침 제가 쓰던 것과 같은 장비를 사용하던 분께서 FreeBSD는 설치할 수 있다고 말씀해주셨습니다. FreeBSD는 그전까지 사용하던 Sun OS와 같은 BSD 계열이기 때문에 익숙하게 사용할 수 있었죠.

FreeBSD 커미터가 되기까지의 과정이 궁금합니다

약 10년 정도 걸린 듯합니다. 처음에는 FreeBSD 메일링 리스트 몇 군데에 가입했습니다. 당시만 해도 영어 실력이 다소 부족하다고 생각해서 몇 개월 동안은 메일

들을 보고만 있었습니다. 시간이 흐르면서 커뮤니티 안에서 누가 고수인지, 주로 어떤 이야기들이 오가는지를 알게 됐습니다. 그러고서 직접 패치를 만들어서 보내게 됐죠. 처음 이메일을 보냈을 때에는 답변이 매우 길었는데, 이메일을 몇 년 동안 계속 보내니 상대방도 힘들었나 봅니다. 자신이 멘토를 해줄 테니 커미터를 해보는 게 어떻겠느냐며 제게 권했죠.

FreeBSD 커미터가 되기 위해서는 몇 가지 조건이 충족되어야 합니다. 첫째, 지금까지 어떤 문제들을 해결했고 누굴 어떻게 도왔는지 등의 활동 기록이 메일링 리스트에 남아 있어야 합니다. 둘째, 커미터 임무를 수행할만한 능력이 있는지를 평가받아야 합니다. 추천인을 제외한 다른 모든 사람이 만장일치로 동의해야만 커미터가 될 수 있죠. 그 과정을 통과한 저는 지금까지 8년째 커미터로 활동하고 있습니다.

FreeBSD에서 하고 있는 일은 무엇인가요?

주로 네트워크 카드^{NIC} 드라이버를 만들고 있습니다. 네트워크 카드는 매년 많은 제품이 출시되는데, 그중에서도 리얼텍^{Realtek}은 제품을 유독 자주 출시합니다. 요즘은 메인보드에 통합해서 나오기 때문에 네트워크 카드를 테스트하기 위해서는 CPU 같은 부품까지 모두 맞춰서 구매해야 합니다. 다만, 매번 모든 부품을 다 구입할 수는 없기 때문에 하드웨어 제조사들이 보내주는 엔지니어링 샘플을 사용해서 개발하기도 합니다.

네트워크 카드 드라이버를 개발할 때 가장 어려운 부분은 무엇인가요?

하드웨어 제조사들은 무선 네트워크 카드에 대한 세부 정보를 거의 공개하지 않습니다. 최근 들어 조금 공개되긴 했는데, 여전히 하드웨어 제조사들이 직접 드라이버를 만들 뿐 세부 정보까지 공개하지는 않죠. 그 이유는 나라별로 전파 규제에 대한 법이 달라서입니다. 무선에 관련한 세부 정보를 공개하면 위법을 하거나 악용할 가능성이 크기 때문이죠. 하드웨어 제조사들은 주요 플랫폼에 대한 드라이버를 먼저 만들기 마련이므로, 무선 네트워크 카드 지원이 윈도에 비해 다소 느릴 수 있습니다.

CDNetworks에서는 무슨 일을 하나요?

캐시Cache 시스템을 개발하고 있습니다. 지금 개발 중인 캐시 시스템은 '리버스 프록시Reverse Proxy'라고 할 수 있습니다. 외부에서 요청이 들어오면 우리 서버의 메모리에서 일치하는 데이터가 있는지 찾아보고, 없으면 디스크에서 데이터를 찾습니다. 그래도 데이터가 없으면 원본을 저장해둔 서버에 요청해서 데이터를 가져옵니다. 그리고 나서 우리 서버의 메모리와 디스크에 데이터를 저장합니다. 이후로는 원본 서버에 요청할 필요 없이 메모리에서 바로 응답을 할 수 있기 때문에 성능이 좋아집니다.

만약 해외에 있는 원본 서버에서 직접 서비스를 한다면 좋은 서비스를 제공하기 어려울 것입니다. 그래서 우리 시스템을 통해 국내에 캐싱하는 것이죠. 또한, 원본 서버로의 요청 수를 최소화 할 수 있다는 것도 장점입니다.

캐시 서버 개발의 특징은 무엇인가요?

서버는 유효한 자원에서 성능을 최대로 끌어올려야 합니다. 그래서 자원을 효율적으로 관리해야 하는데, 이를 위해서는 수행한 동작이 언제 끝나는지 알아야 합니다. 예를 들어 소켓은 비동기 처리가 쉽지만 디스크 IO를 비동기적으로 처리하기란 어렵습니다. 디스크 IO가 발생하면 블로킹blocking 되고 그 작업이 끝날 때까지 기다려야 하죠. 프로그램에서 아무리 소켓을 논블로킹non-blocking으로 처리해도, 디스크 IO에서 블로킹되면 성능이 떨어지기 마련입니다. 이러한 점을 고려해서 잘 만들어야 합니다.

오픈 소스 활동을 하면서 얻은 것이 있다면 무엇인가요?

사람들이 가진 다양성을 인정하게 됐습니다. 실력이 좋다고 알려진 분들을 보면 절대 평범하지 않습니다. 예를 들어 말이나 행동이 매우 독특한 분들이 계십니다. 하지만 그분들은 자신이 평범하다고 생각할 수 있습니다. 마찬가지로 저는 스스로 평범하다고 생각하지만 다른 사람들은 저를 이상하게 볼 수도 있죠. 오픈 소스 활동을 하면서 이처럼 사람들의 생각과 행동이 다를 수 있다는 걸 알게 됐습니다. 나아가 나와 다른 의견을 열린 마음으로 받아들일 수 있게 됐죠.

오픈 소스에 대한 국내 기업의 반응이 궁금합니다

우리나라에서는 오픈 소스를 지원하는 회사를 찾기 힘듭니다. 오픈 소스를 가져다가 제품을 만들었다면 그 후에 다시 오픈 소스로 되돌려줘야 하는데, 그걸 싫어하는 경향이 큰 탓이지요. 아마도 회사 자산이라고 생각하기 때문인 듯합니다. 예를 들어 큰 비용을 들여서 개발한 제품을 공개하면 경쟁사가 가져다 쓸 수 있다고 생각하는 것이죠. 애당초 다른 사람이 만든 걸 가져다 쓴 것인데도 말입니다.

반면 해외 기업들은 오픈 소스로 되돌리는 게 오히려 도움이 된다고 생각하는 듯합니다. 기업이 개발한 결과물을 오픈 소스로 공개하면, 오픈 소스 개발자들이 그것을 더욱 발전시켜주고, 그럴 때 기업은 비용을 줄일 수도 있기 때문입니다.

우리나라 엔지니어와 해외 엔지니어의 차이점은 무엇일까요?

생각하는 게 완전히 다른 것 같습니다. 물론 제가 모든 걸 다 판단하긴 어렵지요. 다만 해외 개발자들이 우리나라 개발자들보다 개방적이라는 건 확실합니다. 우리나라는 인기 있는 한 분야에만 집중하려는 경향이 있습니다. 마치 패션이 유행하듯, 인기 있다 싶은 분야로 모두 몰려들죠. 그런데 해외 개발자들은 매우 다양한 분야에 종사하고 있으며 그 다양함을 서로 인정합니다. 그들은 오히려 우리나라의 쏠림 현상을 이상하게 생각하는 듯합니다. 다양한 게 더 좋다고 생각하는 것이지요.

그렇게 생각할 수 있다는 게 정말 놀라웠습니다. 선입견을 버리고 열린 마음으로 세상을 바라보며 접근하려는 문화가 엿보였습니다.

좋은 엔지니어가 되려면 어떻게 해야 할까요?

저는 고등학생 때 'Apple Ⅱ'로 컴퓨터를 처음 시작했습니다. 그때도 학원에 가면 컴퓨터를 배울 수 있었지만 저는 학원에서 배울 게 없다고 생각했습니다. 그 생각은 제대 후에도 변하지 않았습니다. 공부하고 싶어도 마땅한 자료가 없었죠. 하지만 지금은 인터넷을 통해 뭐든 배울 수 있는 시대입니다. 관심 가진 분야가 있으면 그 분야의 커뮤니티 활동을 하는 게 가장 도움이 될 것이라고 생각합니다.

평소 개발 관련 책을 많이 읽는 편인가요?

20대 중반까지는 컴퓨터 관련 책을 많이 읽었습니다. 그런데 책이 잘못된 정보를 담고 있는 경우가 적지 않았죠. 나중에는 소스코드를 보는 편이 더 배울 게 많다는 걸 알게 됐습니다. 소스코드를 보면 책보다 더 자세한 정보를 얻을 수 있는 경우가 많습니다. 예를 들어 ls 명령어의 소스코드를 보면 감탄할 정도죠. 사용할 때에는 무척 간단해 보이지만 그걸 구현하는 내부 코드는 전혀 다릅니다.

본인만의 개발 철학이 있다면 말해주세요

개발자는 말이 필요 없는 것 같아요. 아무래도 코드나 제품을 상대하는 직업이기 때문에 말로 설명하는 것보다는 코드의 품질과 성능, 안정성을 중요시해야 한다고 생각해요. 제대로 된 코드를 작성하면 성능과 안정성은 자연스레 따라온다고 믿습니다.

"개발은 요리하는 것과 같다"

자동화 시스템을 만드는 닷넷 개발자
송기수
(인터뷰_2013년 7월)

컨베이어 벨트가 물건을 옮기고 로봇 팔이 분주하게 제품을 만든다. 우리가 사용하는 디지털 제품은 모두 이러한 자동화 시스템에 의해 생산된다. 작은 오차에도 대량의 불량 제품이 만들어질 수 있기 때문에 자동화 시스템은 매우 세밀하게 동작해야 한다. 우리나라가 세계 최고의 디지털 제품을 만들 수 있는 이유 중 하나는 고도화된 자동화 시스템 기술을 갖고 있기 때문일 것이다. 송기수 개발자는 작은 오차도 내지 않는 최고의 자동화 시스템을 만들기 위해 지금도 열심히 달리고 있다.

프로필
닷넷 1세대 개발자로서 다수의 세미나와 스터디 그룹 활동을 주도해왔다. 삼성 멀티캠퍼스 닷넷 강사로 활동하면서 닷넷 기술 확산에 기여했으며, 실리콘밸리에서 엔지니어로 일하기도 했다. 현재 오픈에스지닷넷의 CTO를 맡고 있다.

현재 무슨 일을 하고 있나요?

'오픈에스지닷넷'이라는 회사를 창업해 기술 컨설팅과 솔루션 개발을 하고 있습니다. 주로 공장 자동화와 관련된 '자동화 모니터링' 솔루션을 만듭니다. 삼성 멀티캠퍼스에서 강의도 했고요.

자동화 모니터링에 대해 설명 부탁드립니다

자동화 모니터링은 공장 내 장비들의 상황을 실시간으로 확인할 수 있게 하는 시스템입니다. 예를 들어 기계가 고장 나면 빨간색, 정상이면 파란색으로 버튼이 표시되고, 버튼을 누르면 기계가 어떤 상황인지 자세히 알려줍니다. 당연히 실시간으로 기계의 상태를 모니터링해야 하는데, 'TIBCO RV^{Rendezvous}'라는 통신 프로토콜을 일반적으로 사용합니다. TIBCO RV는 금융권이나 반도체 분야에서 사용하는 프로토콜로, 전 세계적으로 가장 많이 쓰입니다.

산업 현장에서는 노트북 PC를 들고 다니기 어려워서 태블릿 PC 같은 휴대용 기기의 필요성이 커질 수밖에 없습니다. 공장 같은 산업 현장에서는 주로 윈도 환경의 솔루션들을 사용하기 때문에 최근에는 윈도 모바일에 대해 준비하고 있습니다.

공장 자동화 시스템을 개발하며 가장 힘든 점은 무엇인가요?

테스트가 가장 어렵습니다. 버그를 찾으려면 문제 상황을 재현해야 하죠. 예를 들어 컨베이어벨트를 통해 부품을 옮기던 중 바닥으로 떨어진 상황을 재현하기란 불가능합니다. 그래서 시뮬레이션을 매우 많이 하지만, 현실적으로 모든 경우를 테스트하긴 어렵습니다.

윈도 모바일 시장을 어떻게 전망하나요?

윈도 모바일이 아직 확산되지 않은 건 프레임워크나 기술적인 문제 때문이 아닙니다. 하드웨어 제조사나 통신사 등의 이해관계가 얽혔기 때문이지요. 다른 모바일 플랫폼보다 PC와의 호환성이 훨씬 좋고 다양한 기반 기술들도 잘 다듬어진 만큼, 이런 문제만 해결된다면 빠르게 확산될 것입니다.

C#의 장점에 대해 설명해주세요

세 가지를 꼽을 수 있습니다.

첫 번째는 제네릭Generic입니다. 자바에도 제네릭이 있지만 런타임 시에 동작 방식이 조금 다릅니다.

두 번째는 '닷넷 프레임워크 4.5'에서 적용된 비동기 처리 기능입니다. 다시 말해 기본적으로는 순차적으로 프로그램이 진행되지만, 분기 구문에서는 비동기식으로 쪼개져서 진행되는 것이지요. 비동기 방식은 크게 세 부분으로 나눌 수 있습니다. 호출하는 부분, 호출되면 바로 진행되는 부분, 콜백을 받아 진행되는 부분이죠. 일반적으로 비동기 방식을 사용하지만, 실제 코드는 동기식으로 작성합니다. '닷넷 프레임워크 4.5'부터는 비동기 프로그래밍을 할 수 있습니다.

세 번째는 닷넷 프레임워크의 기능 중 하나인 LINQ Language-Integrated Query입니다. 배열을 정렬하고 연산할 때 복잡하게 코드를 작성하기 마련인데, LINQ를 사용하면 열거가 가능한 자료 구조를 매우 쉽고 편리하게 연산할 수 있습니다. 그만큼 LINQ는 실제 프로젝트에서 매우 많이 사용됩니다.

닷넷 프로그램의 성능에 대해 설명해주세요

게임처럼 고성능을 요구하는 경우 닷넷 프레임워크 계층이 있어서 느릴 거라는 선입견이 있긴 하지만 실제론 그렇지 않습니다. 예를 들어 C++로 성능이 최적화된 코드를 만들면 하드웨어에 종속적일 가능성도 큽니다. 하드웨어에 종속된다는 건 즉, 구동할 수 있는 하드웨어가 제한적일 수 있다는 말입니다. 그러므로 다양한 PC

사양과 하드웨어 등에서 게임을 동작하게 만들려면 결국 일반적인 코드로 작성해야 할 것입니다. 그런 면에서 닷넷 프로그램은 CLR$^{Common\ Language\ Runtime}$에서 CPU 아키텍처나 OS 환경에 알맞게 자동으로 최적화를 해주기 때문에, 최적화에 대한 고민을 덜 수 있습니다. 물론 CLR이 바이트코드^{Bytecode}를 변환해서 구동하기까지 시간이 약간 소요될 수는 있죠. 하지만 일단 구동된 프로그램은 메모리에 캐싱되기 때문에 구동된 이후에는 네이티브 프로그램과의 성능 차이가 없습니다. 그리고 네이티브 프로그램으로 컴파일하는 옵션도 제공하기 때문에 선택적으로 사용할 수 있습니다.

실리콘밸리에서는 무슨 일을 했나요?

세 가지 정도 기억에 남습니다. 첫째, PG$^{Payment\ Gateway}$ 회사에서 비주얼 베이직과 ASP 닷넷으로 개발했습니다. 둘째, 스탠퍼드대학원의 학사 관리 시스템을 만들었습니다. 대학원생들이 자신의 학점과 수업 일정 등을 관리하는 시스템입니다. 마지막으로 3COM에서 전 세계로 판매되는 제품에 대한 다국어 버전 관리 시스템을 만들었습니다.

미국에서 일하며 특별히 느낀 점이 있나요?

우리나라에서는 경험으로 프로젝트매니저(이하 PM)가 된다고 생각하는 것 같습니다. 하지만 외국에서는 교육을 통해 PM이 된다고 생각합니다. 그래서 같이 입사한 두 사람 중 한 사람은 개발 교육을 받고 다른 사람은 PM 교육을 받아, 동등한 위치에서 서로의 역할만 구분하여 일합니다. 당연히 상하관계가 아니라 서로 동등한 수평관계가 형성되죠.

또한, 우리나라에서는 작업 요청을 구두로 전달하는 경우가 많고, 요청 내용도 사람에 따라 다르게 해석될 여지가 큽니다. 요청한 사항이 하루 만에 바뀌기도 하죠. 컴퓨터라는 합리적인 기계를 다루면서 그걸 조작하거나 다루는 과정들은 불합리한 것입니다. 미국에서는 모든 작업을 명확하게 제시하며 이메일 등 문서를 통해 소통합니다.

문화적인 차이일 수도 있는데, 앞서 말한 바와 같이 우리나라는 작업 과정들이 불합리하다 보니 관리자와 개발자 간에 설득과 합의로 협업이 이루어지지 않고, 그래서인지 관리자와 개발자를 상하관계로 구성합니다. 그러다 보니 일을 시키기 곤란한 50대 이상의 개발자에게는 일을 주지 않으려는 경향이 있는 것 같고요.

저는 일본과 중국, 인도 등 여러 나라 사람들과 일해봤는데, 우리나라 사람들이 손재주가 좋고 똑똑하며 일도 가장 잘했습니다. 비유하자면 우리나라 개발자들은 크립톤 행성에서 온 슈퍼맨이라 할 수 있을 정도죠. 치열하게 경쟁하며 일하는 국내 분위기 때문인지, 다른 나라에 가면 슈퍼맨처럼 잘합니다. 하지만 크립톤 행성에서는 그저 평범한 사람일 뿐입니다. 물론 언어의 장벽이 있긴 하지만 더 많은 개발자가 외국으로 진출했으면 하는 바람입니다.

개발자들에게 추천하고 싶은 책이 있나요?

정덕영 저자의 『WIndows 구조와 원리』(한빛미디어, 2006)를 추천합니다. 꼭 이 책이 아니더라도 OS의 원리나 메모리 관리 기법 등 컴퓨터 원리에 대한 책을 한 번쯤 읽어보기 바랍니다. 개발자로 살아가는 데 큰 도움이 될 것입니다.

본인만의 개발 철학이 있다면 말해주세요

개발은 마치 요리와도 같습니다. 요리할 때 재료와 방법 등이 좋으면 음식이 맛있습니다. 더불어 빨리 만들 수 있다면 더 좋겠죠. 그리고 본인이 만든 걸 남들이 맛있게 잘 먹어주면 행복하죠. 요리하는 사람이 그렇듯, 저는 제가 만든 프로그램을 다른 사람들이 사용해주고 다시 찾아줄 때 행복을 느낍니다. 더 좋은 요리를 만들기 위해 좋은 재료와 방법을 연구하면서 앞으로도 발전해가고 싶습니다.

8

"기계가 더 잘할 수 있는 일을 기계에 이식하는 게 개발자가 해야 할 일이라고 생각한다"

행복지수 상위 1% 개발자
이문수
(인터뷰_2011년 8월)

언젠가부터 신문에서 빅데이터에 관련된 소식을 자주 접한다. 미래에는 빅데이터 관련 기술이 산업을 주도할 것이라는 전망이 나오고 있고, 마치 그것을 증명하려는 듯이 크고 작은 빅데이터 기업들이 모습을 드러냈다. 이문수, 그는 우리나라에서 빅데이터가 주목받기 전부터 분산 시스템을 통한 대규모 데이터 처리에 대해 연구해왔다. "나는 행복지수 상위 1% 개발자이다"라고 자신 있게 말할 수 있는 이유는 개발자로서의 인생을 진심으로 즐기고 있기 때문일 것이다.

프로필

서강대학교에서 컴퓨터 공학을 전공했으며 동 대학원에서 분산 시스템을 공부했다. 2004년에는 제2회 '임베디드 소프트웨어 공모대전'에서 대상을 받았으며, 2005년에 열린 제4회 'JCO 자바 소프트웨어 공모전'에서도 수상했다. 이후 nFractals라는 클라우드 컴퓨팅 회사를 창업해 국내 최초로 CDN 서비스를 제공했다. 현재는 NFLabs로 회사명을 바꾸었으며 국내에서 손꼽히는 빅데이터 처리 기술을 갖고 있다.

여러 공모전에서 수상하셨는데, 공모전에 나가게 된 계기가 있나요?

학생 때는 방황을 많이 했습니다. 스스로 뭘 잘하는지 생각해봤더니 컴퓨터밖에 없었습니다. 때마침 임베디드 소프트웨어 공모전이 열렸죠. 임의로 정해진 체크 포인트를 로봇이 가장 빠르게 통과해 골인하면 이기는 대회였습니다. 저는 친구들과 함께 공모전에 나가기로 했습니다. 그리고 친구들에게 "나는 1등을 할 계획인데, 2등과 차이가 두 배 이상 나면 상금의 절반을 가져도 되겠느냐"고 물었습니다. 친구들도 동의했고 저는 정말 열심히 준비했습니다.

로봇을 더 빨리 움직이게 하고 싶은데 신호를 보낸 후 반응하기까지 시간 차이가 계속 발생했습니다. 아무리 프로그램을 정교하게 만들어도 로봇의 주행속도가 빨라지면 신호의 응답 속도가 늦어졌죠. 어디가 문제인지 도대체 알 수 없었습니다. 그래서 전자공학과 연구실에서 오실로스코프를 빌려 직접 신호를 검사했습니다. 그 결과 신호와 모터를 연결하는 시리얼 포트 컨트롤러에서 신호가 늦어진다는 걸 발견했습니다. 저는 그 컨트롤러의 커널 드라이버 소스코드를 변경해서 불필요한 버퍼링을 제거했습니다. 덕분에 저희 팀 로봇은 21초라는 기록으로 우승을 차지했습니다. 2등은 1분이 지나서야 골인했죠.

첫 번째 창업에 대해 얘기해주세요

대학원을 다니면서 첫 번째 창업을 했습니다. 처음에는 내 오피스텔에서 책상도 없이 시작했습니다. 그러다 마음 맞는 후배들도 함께하게 됐고 교수님의 추천으로 대학교 창업센터에 입주하기도 했죠. 거의 3년간 사업을 했습니다. 당시에는 수익을 내야만 한다는 압박감이 없었기 때문에 다양한 주제의 프로젝트를 진행할 수 있었습니다. 예를 들어 위키피디아를 분석해서 관계를 찾아내거나 비주얼 위키, 아이폰 게임 등도 만들었습니다. 낮에는 일하고 밤에는 컴퓨터 공부를 하는 생활을 몇 년간 이어갔습니다. 그러다 보니 많이 지치게 되더군요.

두 번째 창업은 어떻게 하게 됐나요?

국내 모 ISP(Internet Service Provider)에서 CDN 사업을 하고 싶다는 이야기가 있었습니다. 학부 시절부터 많은 걸 만들어봤기 때문에 서비스를 충분히 만들 수 있다고 생각했습니다. 하지만 6개월 동안 서버와 솔루션, 클라이언트 시스템까지 모두 만들어야 하는, 상당한 도전이었습니다.

창업 후에 스토리지 파일 시스템, 통계 시스템, 고객용 웹사이트, 데이터 캐싱 서버, 가상 파일 시스템, 동영상 스트리밍 시스템, 동영상 인코딩 시스템 등을 모두 다 만들었습니다.

가장 기억에 남는 프로젝트는 무엇인가요?

가상 파일 시스템을 만들었던 프로젝트입니다. 웹 서버나 다운로드 서버, 스트리밍 서버 등을 통해서 데이터를 전송하려는데, 데이터가 우리 스토리지와 고객 스토리지에 분산되어 있었죠. 저는 다양한 애플리케이션들이 파일 시스템에 접근할 수 있도록 인터페이스를 설계했습니다. 특히 사용자가 직접 파일 시스템 호출을 재정의할 수 있도록 만들었죠. 사용자에 따라 시스템이 유연하게 동작하기 때문에 그동안 발생했던 장애가 사라졌고, 매우 안정적인 서비스를 제공할 수 있었습니다.

개발자들이 더 노력해야 할 점은 무엇이라고 생각하나요?

개발자라면 자기가 만든 걸 어떻게든 잘 표현해야 한다고 생각합니다. 사용할 사람이 프로그래머가 아니라 일반인들이기 때문에 그렇죠. 포장도 잘해서 자신 있게 보여주어야 합니다. 그래야만 개발자 자신의 가치를 인정받을 수 있고 여러 가지 대가도 받을 수 있다고 생각합니다. 밤새워 열심히 일해 놓고 제대로 보여주지 못해서 실패한다면 아쉽지 않겠습니까.

개발하면서 아쉬웠던 점은 무엇인가요?

생산성이 가장 높은 개발자는 코드를 짜지 않는 프로그래머라고 합니다. 이 말은 즉, 코드를 안 짜는 대신 이미 만들어진 좋은 소스코드들을 가져다 잘 쓰면 생산성을 높일 수 있다는 의미겠지요.

별것 아닌 것 같지만 사실 매우 대단한 일입니다. 왜 그럴까요? 우선, 필요한 오픈 소스가 존재하는지 알아야 하고, 또 그 오픈 소스를 분석해내려면 깊은 내공에서 나오는 경험과 지식에 기반을 두어야만 합니다. 더군다나 다른 사람이 만든 소스코드를 이해하고 사용하려면 그만한 실력이 따라줘야만 가능하죠. 이 모든 과정을 다 거친 후 프로젝트를 성공적으로 끝냈다면, 엄청난 일을 한 것입니다.

그런데 개발자를 평가하는 관리자들은 "남이 만든 것 가져다 쓰고선 당신이 한 게 뭐야?"라고 묻기 일쑤입니다. 이미 잘 만들어진 프로그램을 또 만드느라 많은 시간과 자원을 허비하는 사람보다 훨씬 일을 잘했음에도 불구하고 말이죠. 그런 가치를 인정받지 못하는 현실이 안타깝습니다.

독서량은 많은 편인가요?

논문 같은 걸 많이 읽는 편이지만 교양서적은 잘 읽지 않습니다. 중학교 때는 학교가 끝나면 매일 서점에 갔습니다. 저녁밥도 안 먹고 서점 문 닫을 때까지 책을 읽었습니다. 그렇게 1년을 읽으니 서점에서 더는 읽을 책이 없을 정도였죠. 그 후로 교양서적을 안 읽게 됐습니다.

일을 재미있게 하는 방법이 있을까요?

남들보다 더 인정받고 더 좋은 대우를 받고 싶다면, 남들보다 더 열심히 해야 합니다. 스스로 얼마나 열심히 노력했느냐가 중요한 게 아니라 남들보다 얼마나 더 노력했느냐가 중요하죠. 아무리 열심히 한다고 해도, 자기보다 더 노력한 사람이

999명이라면 결국 자신은 1,000등입니다. 컴퓨터라는 분야가 그런 것 같습니다. 뒤처지면 결국 남이 시키는 일만 하게 되고, 재미없는 일만 떠맡게 되죠. 일정에 압박받으며 대우도 못 받는 것은 물론입니다.

이왕에 하고자 한다면 제대로 하고, 남들보다 더 열심히 해야 합니다. 그러면 대우도 잘 받고 일하며 보람도 느끼게 되겠죠. 물론 자연스레 재미있게 일하게 될 것이고요.

지칠 때에는 어떻게 극복하나요?

체력적으로 지칠 때에는 체력을 보충하는 게 최선입니다. 그것보다는 정신적으로 피로가 쌓일 때가 더 큰 문제입니다. 저는 그럴 때마다 해야 할 일을 종이에 적어두고 "나는 이걸 하는 기계다"라고 최면을 겁니다. 그러고서 일을 하다 보면 어느새 할 일이 다 끝나 있습니다. 물론 하고 싶어서 할 때보다 능률은 떨어지지만요. 어쨌든 저는 그렇게 자신을 스스로 이끌어가곤 합니다.

취미는 무엇인가요?

스노보드 타는 걸 무척 좋아합니다. 그래서 겨울이면 주말을 이용해 스키장에 갑니다. 그런데 직업병 때문일까요? 스키장에 가서도 왠지 코딩 작업을 해야 할 것 같아서, 정작 스노보드는 타지 않고 1박 2일 동안 코딩만 하다 돌아오고는 합니다.

본인만의 개발 철학이 있다면 말해주세요

컴퓨터 프로그래머는 본인의 생각을 컴퓨터에 이식하는 사람이라고 생각합니다. 인류 진화의 다른 단계라고 말할 수도 있을 것 같습니다. 그동안 DNA를 통해 지식을 유전했는데 이제는 소스코드를 통해서 기계에 옮기는 것입니다.

인간이 하기 어렵거나 귀찮은 일을 기계가 대신할 수 있도록 소스코드 형태로 이식하는 것이죠. 그런 예로 자동차 내비게이션을 들 수 있습니다. 예전에는 모든 길을 사람이 기억하고 판단해서 운전해 갔는데, 지금은 내비게이션이 알아서 다 해주죠. 사람은 시키는 대로 따라가기만 하면 됩니다. 인간이 갖고 있던 지리적 정보를 기계에 이식한 것이라고 볼 수 있지요.

단, 인간이 해야만 하거나 잘하는 일과 기계가 잘하는 일은 다르므로 잘 구분해야 합니다. 기계가 더 잘할 수 있는 일을 기계에 이식하는 게 프로그래머가 해야 할 일이라고 생각합니다.

3년 후 본인의 모습은 어떨 것 같은가요?

심리학과 뇌공학을 배워보고 싶습니다. 머릿속의 생각을 컴퓨터로 옮겨야 하는 사람이라고 스스로 생각하고 있기 때문에 제가 무엇을, 어떻게 생각하는지 좀 더 자세히 알고 싶거든요. 그러면 프로그래밍을 더 잘할 수 있을 것 같기도 합니다.

지금 행복한가요?

저는 모든 개발자와 직장인을 통틀어서 행복지수 상위 1% 안에 들 만큼, 스스로 행복한 사람이라고 생각합니다.

PART 5
DB

"다들 무리라고 해도 나는 끝까지 최선을 다한다"

모든 소프트웨어는 데이터를 기반으로 움직인다고 해도 과언이 아닐 만큼 소프트웨어에서 데이터는 중요하다. 모바일 메신저 등에서 발생하는 하루 수억 건 이상의 데이터를 처리하기 위해서 DBMS가 사용된다. 그녀는 세계의 수많은 DBMS 중 자랑스러운 우리의 DBMS를 만드는 개발자이다.

최고를 만들기 위해 우직하게 걸어가는 DBMS 개발자
전원희
(인터뷰_2012년 10월)

프로필

2000년에 인천공항 네트워크 시스템을 개발했고, 2001년부터 7년간 티맥스소프트에서 DBMS 솔루션을 개발했다. 이후 NHN으로 옮겨 DBMS개발랩에서 큐브리드 개발에 참여했으며, 현재 NHN엔터테인먼트 서비스플랫폼개발랩에서 근무하고 있다.

인천공항 프로젝트에서는 무슨 일을 했나요?

네트워크 매니지먼트 시스템과 케이블 매니지먼트 시스템을 개발하는 프로젝트였습니다. 공항처럼 엄청난 규모의 시설에서는 네트워크 케이블이 언제, 어디에, 어떤 경로로 설치돼 있는지 파악하기 어렵습니다. 그래서 네트워크 구성을 전산으로 관리합니다. 한마디로 네트워크 시설을 관리하는 시스템입니다.

티맥스소프트에 들어가서는 어땠나요?

배워야 할 게 너무 많았습니다. 특히 C로 작성된 소스코드를 보는 게 무척 힘들었습니다. 고맙게도 회사 선배들이 친절하게 잘 가르쳐주셨고, 제가 작성하는 소스코드에 대해 지속적으로 리뷰를 해주셨습니다. 저는 더 좋은 코드를 작성하려고 노력했고요. 그런 과정을 계속 반복하다 보니 실력이 빨리 늘었습니다. 그 경험 때문인지 주변 분들에게도 좋은 소스코드를 많이 보라고 권하는 편입니다.

티맥스소프트에서는 무엇을 개발하셨나요?

'티맥스^{Tmax}'라는 이름의 'TP Monitor$^{Transaction\ Processing\ Monitor}$'를 개발했습니다. 금융권이나 포털 서비스 같은 대규모 시스템의 경우에는 DBMS가 수십, 수백 대 있기 마련인데요. 그런 환경에서 서로 다른 DBMS 간의 트렌젝션까지도 자동으로 처리해주는 미들웨어입니다. 예를 들어 클라이언트에서 데이터를 입력하거나 수정, 삭제 등의 쿼리를 실행하면 TP Monitor는 여러 대의 DBMS에 쿼리를 전달해서 잘 수행하게 합니다.

TP Monitor로 유명한 것은 BEA 사의 '턱시도^{TUXEDO}'가 있는데, 우리나라에는 '티맥스'뿐이었습니다.

NHN으로 이직한 후에는 무슨 일을 하고 있나요?

미들웨어 개발 랩에서 TP Monitor와 같은 역할을 하는 'DB 게이트웨이'를 개발했습니다. DB 게이트웨이는 이후 더 발전된 형태로 큐브리드에 합쳐졌고, 현재 한게임 등에서 사용하고 있습니다.

큐브리드의 장점은 무엇인가요?

오라클이나 MySQL 같은 2-Tier 구조에서는 클라이언트와 DBMS가 직접 커넥션을 맺습니다. 각각의 커넥션은 CPU와 메모리 등 시스템 자원을 사용하기 때문에, 실제 데이터 쿼리가 없더라도 커넥션이 연결된 것만으로 자원이 계속 낭비되죠.

반면 큐브리드는 3-Tier 구조입니다. 브로커라는 계층이 커넥션을 자동으로 관리해주기 때문에 시스템 자원을 최대한 효율적으로 사용할 수 있죠. 그리고 자체적으로 HA를 위한 다양한 기능을 제공하기 때문에 보다 안정적으로 데이터를 관리할 수 있습니다.

큐브리드가 3-Tier를 고집하는 이유에 대해 좀 더 자세히 설명해주세요

2-Tier 구조인 오라클이나 MySQL이 많이 사용되는 건 사실이고, 소규모 서비스에서는 3-Tier 구조가 무겁게 느껴질 수 있다는 점도 알고 있습니다. 내부 구성원들과도 2-Tier 구조에 대해 고민을 많이 했죠.

그런데 대용량 데이터 처리가 중요시되는 지금에 와서는 큐브리드가 고집했던 3-Tier 구조가 빛을 발하고 있습니다. 왜냐하면 3-Tier 구조는 데이터의 분산처리와 시스템 확장에 강점이 있기 때문입니다. 반면 가벼워서 좋게만 느껴졌던 2-Tier 구조의 DBMS들은 대용량 데이터의 분산처리 기능을 아예 제공하지 못하거나 별도의 상용 솔루션을 사용해야만 하는 상황이 됐습니다. 이러한 상황을 반영하듯 현재 많은 수의 네이버 서비스에서 안정적으로 큐브리드를 사용하고 있습니다.

NoSQL은 어떤가요?

RDBMS와 NoSQL은 시장이 다르다고 생각합니다. 금융권처럼 데이터의 신뢰성이 매우 중요한 회사라면 앞으로도 RDBMS를 계속 쓸 것이고, 그렇지 않은 경우에는 NoSQL을 적용할 수도 있을 것입니다. 미국에서 가장 많이 사용하는 NoSQL이 바로 RDBMS와 같은 기능을 제공하는 MongoDB죠. 그 점을 생각해보면, 시간이 흐를수록 RDBMS와 NoSQL이 적절하게 합쳐질 것 같기도 합니다.

DBMS를 개발하면서 힘들었던 점은 없었나요?

HA는 작은 오류만으로도 사이드이펙트가 매우 크게 발생하기 때문에 아주 조심스럽게 작업을 해야 합니다. 그리고 개발 과정에서 꼼꼼하게 신경을 썼더라도 실제 서비스에 적용되었을 때 문제가 발생하는 경우도 있어서 데이터 신뢰도를 유지하는 동시에 고가용성을 실현해야 합니다. 더군다나 하위 호환성을 유지하면서 최신 기능을 구현해야 하므로 너무나 힘들고 어려운 작업이지요.

가장 기억에 남는 프로젝트는 무엇인가요?

큐브리드에 샤딩 sharding 기능을 구현하는 프로젝트가 기억에 남습니다. 샤딩은 대용량 데이터를 분산 처리하는 기술입니다. 데이터를 나누는 건 규칙만 잘 구현하면 되니 큰 어려움은 없었습니다. 대신 수많은 요청이 동시에 들어올 때에도 분산된 데이터를 최고의 성능으로 처리할 수 있도록 하는 게 큰 도전이었죠.

샤딩 기능을 설계하다 보니 당시 큐브리드 아키텍처와 맞지 않는 부분이 있었습니다. 그래서 큐브리드의 아키텍처를 다시 설계했죠. 동료들은 무리라고 했지만 저는 최선을 다해 설계하고 구현했습니다. 결과적으로 안정적으로 동작했고 성능이 향상됐습니다. 그땐 정말 행복했습니다. 지금은 N드라이브 등 다양한 서비스에 사용되고 있죠.

본인만의 개발 철학이 있다면 말해주세요

저는 프론트엔드^{front-end} 개발자들처럼 반짝거리는 아이디어는 별로 없지만, 뭔가 하나를 깊게 생각하는 편입니다. 그리고 일을 시작하면 무조건 결과를 봐야 하는 성격이죠. DBMS 같은 솔루션 분야는 저처럼 우직한 성격의 개발자에게 맞는 분야인 것 같습니다.

우리나라 개발자들에게 부탁할 말이 있다면 해주세요

우리나라에는 큐브리드와 알티베이스^{Altibase}, 티베로^{Tibero} 이렇게 세 가지 DBMS가 있습니다. 우리나라에 이 같은 DBMS 솔루션이 존재한다는 것만으로도 큰 의미가 있다고 생각합니다. 물론 성능도 좋고요. 최선을 다해 DBMS를 개발하고 있으니 많이 사용해주시면 좋겠습니다.

2

"항상 위급 상황에 대처할 준비를 해야 한다"

최적의 코드 한 줄을 위해 끊임없이 연구하는 DBA
이성욱
(인터뷰_2013년 8월)

DBA는 DBMS를 운영하기 위해 자료구조와 DBMS의 동작 원리를 비롯하여 응용 계층에서의 데이터 이용 패턴까지 모두 이해해야 한다. 또한, 서비스되고 있는 환경에서 작업을 해야 하기 때문에 상황에 따른 빠른 대처 능력도 필요하다. DBA 이성욱은 이를 위해 끊임없이 연구하고 개발자와 소통하며, 수많은 위급 상황에 대처하기 위해 늘 준비된 상태로 일하고 있다.

프로필

위치 기반 AVL(Automatic vehicle location) 시스템, 금융권 CRM(Customer Relationship Management) 등의 개발 경험을 갖고 있는 개발자다. NHN과 네이버 재팬에서 DBA로 근무했으며, '삼성 SDS 소프트웨어 공모전'에서 동메달을 수상하기도 했다. 현재 카카오에서 DBA로 일하고 있다.

AVL에 대해 설명해주세요

2001년에 자동으로 자동차의 위치를 파악하고 관리하는 시스템을 만들었습니다. SK에서 내트럭이라는 서비스를 제공하는데, 트럭으로 화물을 운반할 때 가장 중요한 건 공차, 즉 비어 있는 차에 대한 관리입니다. 예를 들어 모래를 싣고 서울에서 지리산까지 갔는데 공차로 돌아오면 여러모로 낭비죠. 이때 지리산 근처의 공차를 확인하고 그 지역의 특산물 등을 싣고 서울로 돌아오게 한다면 회사나 트럭 운전사에게도 좋을 것입니다. 개발 당시에는 스마트폰이 없었기 때문에 CDMA 휴대 전화에 GPS 단말기를 연결해 위치 정보를 전송했습니다.

DBA가 된 계기가 있었나요?

NHN에 입사했을 때 DB팀에 들어갔습니다. 그곳에서 사내 DBMS 관리 시스템과 모니터링 시스템 등 DBMS 관리 솔루션을 개발했고, NHN 표준 데이터베이스 모델링 작업에도 참여했습니다. 그 후 일본의 네이버 재팬에서 DBMS 운영을 담당한 것을 계기로 자연스럽게 DBA로서의 길을 걷게 됐습니다.

DBA로서 힘든 점은 없나요?

일반적으로 개발할 때는 개발 환경을 따로 구성해서 진행합니다. 반면 DBA는 서비스 환경에서 직접 작업하는 경우가 많습니다. 그만큼 정신적인 스트레스가 심하죠. 자칫 잘못된 쿼리를 입력하면 치명적인 장애가 발생할 수 있습니다. 그래서 저는 쿼리를 작성한 후 "이게 정말 맞나?" 의심하고, 지우고, 다시 쓰기를 두세 번씩 반복합니다. 세 번 이상 다시 썼는데도 같은 쿼리를 작성하면 그때야 비로소 그 명령을 실행합니다.

DBA는 또한 늘 준비된 상태로 일해야 합니다. 늘 위급 상황에 대처할 준비를 하고 있어야 하고, 예상되는 많은 상황에 대한 연구와 학습을 하며, 경험을 계속 쌓아야 하지요. 이 모든 과정이 절대로 쉽지만은 않습니다.

그렇다면 DBA에게는 어떤 소양이 필요할까요?

소프트웨어 개발 경험이 있는 게 좋습니다. 왜냐하면 프로그램 내에서 데이터가 어떻게 쓰이는지 알아야 DBA로서 쿼리를 튜닝해줄 수 있기 때문입니다. 회사에 따라서는 DBA가 직접 개발에 참여하는 곳도 있습니다. 기본적으로 DBA는 개발자와 밀접하게 소통해야 하므로 개발 경험이 풍부할수록 좋죠.

또한, 디스크나 메모리, 여러 가지 IO 관련 기술에 대한 지식이 필요합니다. 특히 운영체제의 IO에 대해서는 깊게 알아야 하죠. 운영체제 버전, DBMS 버전에 따라 성능이 다르기도 하고, 하드웨어와 펌웨어에 따라서도 성능 차이가 날 수 있기 때문입니다.

만약 DBA가 되고자 하신다면, 다양한 벤치마킹 도구를 사용해서 임의로 데이터를 생성해 연습하는 게 도움이 될 것입니다. 같은 쿼리가 데이터 용량 1G 정도에서는 얼마만큼의 성능이 나오는지, 그리고 10G, 100G 등에서는 어떤지를 계속 확인하고 더 좋은 성능이 나오도록 최적의 쿼리나 옵션 등을 계속 찾아보는 노력이 필요합니다. 여러 개의 데이터 세트를 마련하기 힘들다면 최대한 큰 데이터 세트를 마련하여 연습할 것을 추천합니다.

DBMS는 어떻게 운영하나요?

웹 서버들은 평소 CPU 사용률이 60~70% 이상 올라가기도 합니다. 하지만 DBMS는 평소 서버 자원을 매우 낮게 사용해야 합니다. 왜냐하면 웹 서버는 자원이 부족하거나 장애가 발생했을 때 서버를 추가하거나 제거하기 쉽지만, DBMS는 운영 중에 관련 장비를 새로 투입하거나 교체할 수 없기 때문입니다. 그래서 CPU 사용률과 디스크 용량, 메모리 상태 등 전체 서버 자원을 계속 모니터링하여 낮으면서도 안정된 상태를 유지하는 데 많은 노력을 기울이는 것이지요. 그러기 위해서는 쿼리, DBMS, 운영체제, 하드웨어, 네트워크 등 모든 부분이 최상의 상태로 튜닝되어야 합니다.

쿼리 작성 시 주의할 점에 대해 말해주세요

『대용량 데이터베이스 솔루션』(엔코아컨설팅, 2010)의 저자인 이화식 엔코아 대표는 "쿼리를 한 문장으로 모아서 쓰면 성능이 좋다"라고 강조했습니다. 그래서인지 일부 사람들은 쿼리는 무조건 한 문장으로 써야 한다고 생각하는 듯합니다. 이화식 대표가 말한 건 최대한 쿼리를 모으되, 데이터 읽기를 최대한 작게, 최적화해서 쓰라는 의미였습니다. 쿼리를 한 문장으로 최적화해서 작성하는 건 매우 많은 경험과 지식이 있어야 가능한 일입니다. 일반적으로는 쿼리를 적절하게 나눠서 수행하는 게 좋습니다.

그리고 오라클과 MySQL은 내부적으로도 많이 다릅니다. 예를 들어 MySQL의 쿼리 분석기는 오라클의 쿼리 분석기보다 성능이 낮기 때문에 복잡한 쿼리를 수행할 때 느려집니다. 대신 가벼운 쿼리 하나하나를 수행할 때에는 성능 면에서 오라클보다 더 좋죠. 즉, DBMS에 따라 알맞은 쿼리를 쓰는 게 중요합니다.

MariaDB for Kakao에 대해 설명해주세요

MariaDB는 MySQL 개발자인 몬티 와이드니우스(Michael "Monty" Widenius)가 만든 오픈 소스 DBMS입니다. 아무래도 MySQL에 기반을 둔 제품이다 보니 백그라운드 작업에서의 MySQL의 문제점을 그대로 가지고 있는데, 카카오에서는 그 문제점을 직접 튜닝하여 'MariaDB For Kakao'라는 이름으로 쓰고 있습니다. 성능이 향상된 MariaDB for Kakao를 카카오 내부에서만 사용하기보다는 모두와 함께 나누고 싶었고, 현재 MariaDB 재단과 소스 커밋에 대한 절차를 진행하고 있습니다. 조만간 선보일 수 있길 기대합니다.

MySQL에서 MariaDB로 마이그레이션하려면 어떻게 해야 하나요?

MySQL과 MariaDB는 100% 호환이 됩니다. 따라서 MySQL에서 리플리케이션(Replication)을 MariaDB로 하면 되죠. 그러면 실시간으로 데이터를 마이그레이션

Migration할 수 있어서 매우 간단합니다. MariaDB에서 MySQL로 돌아오는 반대의 경우도 마찬가지입니다. 만약 응용 프로그램에서 JDBC^Java Database Connectivity로 MySQL를 연결하고 있었다면, 아무런 변경 없이 연결을 MariaDB로 바꾸기만 하면 됩니다.

개발자들에게 추천할만한 책이 있나요?

회사에서 업무적으로 다뤄볼 수 있는 DB 기술들은 제한적입니다. 어떤 것들은 자주 접해서 아주 잘 알지만, 그렇지 않은 건 잘 모를 수밖에 없죠. 저 역시 어떻게 하면 MySQL에 대해 더 많이, 깊게 알 수 있을지 고민이 깊었습니다. 그러던 차에 공부하는 셈 치고, 배론 슈워츠^Baron Schwartz와 여러 개발자가 저자로 참여한 『High Performance MySQL』(O'Reilly Media)을 번역했습니다. 영문판으로 세 번 이상 읽었는데 많은 분께 추천하고 싶은 책 중 하나입니다. 국내에는 『대용량 시스템 구축을 위한 MySQL 성능 최적화』(위키북스, 2010)로 번역 출간됐으니 참고하시기 바랍니다.